SOLUCIONARIO A LAS ACTIVIDADES

ARISTÓTELES

ÉTICA A NICÓMACO "LIBRO II"

CARLOS ROSER MARTÍNEZ

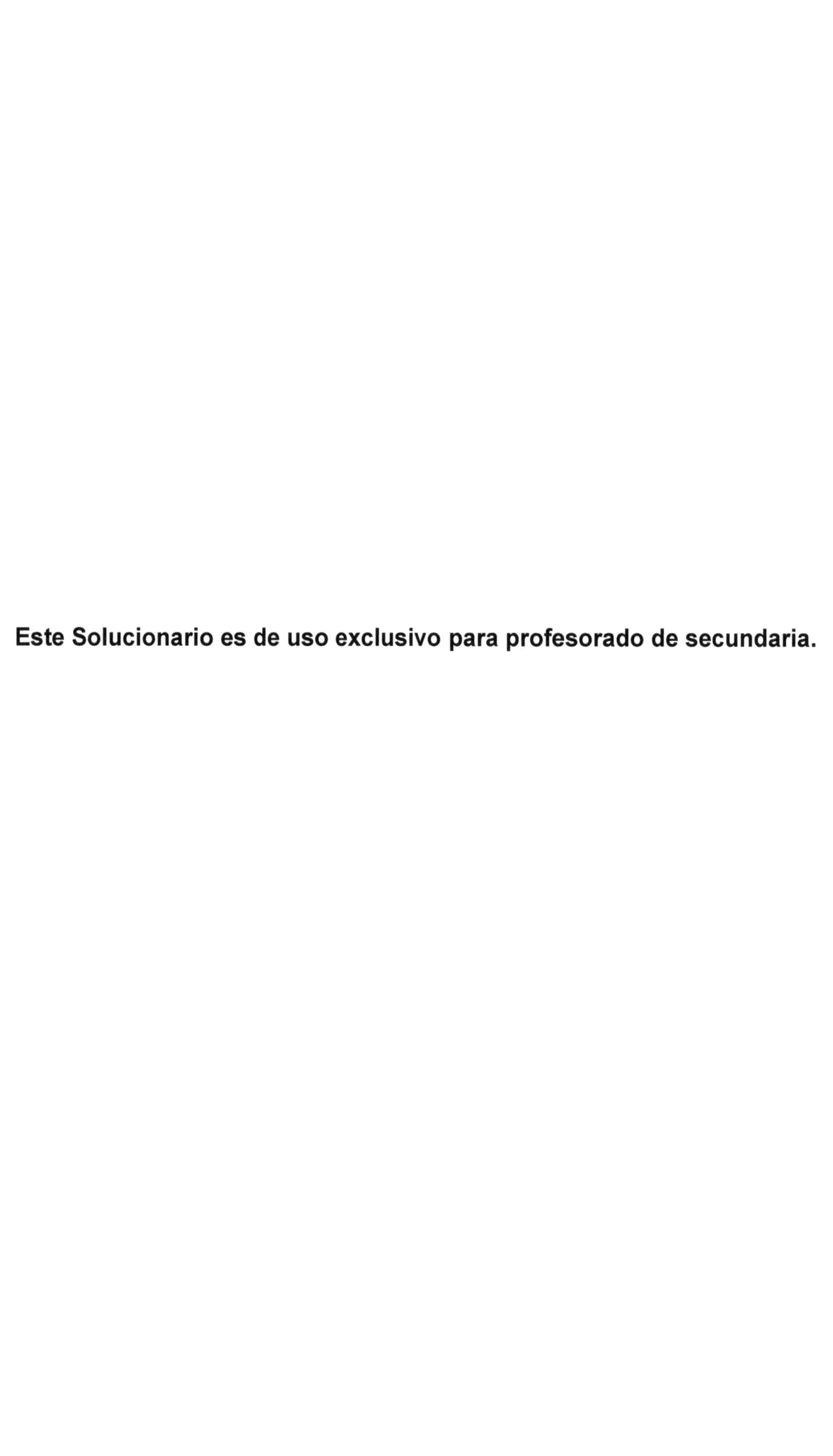

Este Solucionario es de uso exclusivo para profesorado de secundaria.

III. CUESTIONARIOS DE AUTOEVALUACIÓN

1. LA FINALIDAD PRÁCTICA DE LA *ÉTICA A NICÓMACO*

Marca la opción correcta en cada caso:

1. La ética antigua es una reflexión filosófica sobre:
a) El deber moral X b) La felicidad c) La felicidad y el deber moral

2. ¿Qué relación establece Aristóteles entre la Ética y la Política?
X a) Ambas tienen como fin el logro de la virtud y de la felicidad
b) Los políticos tienen que tener Ética
c) La Ética abarca y engloba a la Política

3. El principal objetivo de la Ética es, según Aristóteles...
a) Conocer qué son la virtud y la felicidad
X b) Ayudarnos a ser buenos y felices
c) Investigar acerca de los conceptos morales en general, por el simple afán de saber

4. Señala cuál de las 3 afirmaciones es verdadera para Aristóteles:
a) La virtud ética es un don natural con el que nacen algunos individuos
X b) La virtud ética es algo que se aprende y adquiere
c) Para llegar a ser virtuoso es fundamental formarse en Ética o filosofía moral

5. ¿Cuáles de los siguientes saberes son saberes prácticos?
a) La Ética y la Física X b) La Ética y la Política c) La Física y las Matemáticas

6. ¿Cuál es, según Aristóteles, la principal aportación que la Ética puede hacer para el logro de la felicidad?
a) Indicarnos cómo actuar en cada situación concreta
b) La Ética no ayuda a ser felices, la felicidad es relativa a cada uno.
X c) Clarificar ciertos conceptos para ver mejor el fin hacia el que hemos de orientar nuestras acciones y ayudar, así, a alcanzar la felicidad.

7. La Ética, según Aristóteles, no es...
X a) El arte de vivir bien y de ser felices
b) Una reflexión filosófica sobre la felicidad
c) Una cierta disciplina política

8. ¿Cuál de las siguientes es una característica de los saberes prácticos?
a) Proporcionan conocimiento infalible y riguroso sobre cómo actuar
X b) Tratan sobre las acciones humanas
c) No se buscan por su utilidad, sino por el mero disfrute y el afán de conocer

9. ¿En qué reside, según Aristóteles, la utilidad de la Ética?
a) En que su estudio nos hace necesariamente mejores, más buenos y felices

X b) En que puede ayudar a orientar el rumbo de nuestras acciones y a ver más claros los fines realmente estimables
c) En realidad, la Ética no tiene ninguna utilidad, y ahí reside su grandeza.

10. ¿Cuál de las siguientes *no* es una de las limitaciones que Aristóteles encuentra en la Ética?

a) Que el simple conocimiento del bien no nos hace buenos, como pensaba Sócrates
X b) Que al ser accesible solo a los filósofos, solo estos pueden verdaderamente ser buenos y felices
c) Que no puede proporcionar un conocimiento exacto y riguroso.

2. FELICIDAD, BIEN Y VIRTUD

Indica si las siguientes afirmaciones son verdaderas o falsas:

1. V...... Según Aristóteles, el universo físico está ordenado teleológicamente, de modo que todos los seres físicos tienden al cumplimiento de un fin que está determinado por su naturaleza
2. V ......El fin de cada ser natural se identifica con su bien e implica lograr su perfeccionamiento
3. F......El fin natural del ser humano y, por tanto, el máximo bien humano es la felicidad, que consiste en un estado, no en una actividad. Además depende, sobre todo de la buena fortuna
4. V ......En el caso de los seres humanos, Aristóteles llama "bienes" a los fines que perseguimos y nos proponemos, pero todos ellos son, en realidad, medios para alcanzar un único fin
5. F ......La Ética de Aristóteles es teleológica, pues se basa en la teología
6. V ......Según Aristóteles, la felicidad consiste en una cierta clase de vida basada en el ejercicio de la función natural del ser humano
7. V ......Aristóteles llega a la conclusión anterior partiendo del supuesto de que la naturaleza, que no hace nada en vano, ha dotado al ser humano de razón o *logos*
8. F ......Que la felicidad es el fin natural del ser humano significa que la felicidad es un don de la naturaleza que todos poseemos
9. F ......Según Aristóteles, existe una función propia del escultor, una del músico, otra del arquitecto, pero no tiene sentido hablar de una función del ser humano en cuanto humano
10. V......Para Aristóteles la felicidad consiste en ejercer bien y con excelencia la función propia del ser humano. Esto es lo que quiere decir ejercerla "*conforme a la virtud*"
11. V ......El término "virtud" o "excelencia" en el mundo griego era aplicable a cualquier cosa que tenga una función, como, por ejemplo, a unas tijeras
12. F ......Cuando Aristóteles habla de las virtudes humanas, se refiere al buen ejercicio de las funciones del cuerpo
13. F ......Las virtudes pueden ser de dos tipos: éticas (si son excelencias de la parte racional del alma) y dianoéticas (si lo son de la parte irracional, concretamente de la parte deseadora o apetitiva)

14. V ......Según Aristóteles, el obrar bien (virtud) y el ser felices van unidos
15. F......Según Aristóteles, también podemos acceder a la felicidad por la vía de la posesión de bienes exteriores: amigos, riquezas, salud, etc.
16. F ......En la *Ética a Nicómaco*, Aristóteles plantea *un único* modelo de vida feliz, basado en el ejercicio de la racionalidad práctica, esto es, la racionalidad aplicada a las acciones
17. F ......"Práctico" es un adjetivo que en la filosofía aristotélica significa "útil" y, en ese sentido, Aristóteles podría decir que las matemáticas o saber idiomas son *prácticos*
18. V......La felicidad perfecta no consiste, según Aristóteles, en la posesión y el ejercicio de las virtudes éticas, sino en una vida filosófica o teorética.
19. F ......Según Aristóteles, el ser humano se realiza como tal en sociedad, sea cual sea el tipo de sociedad o de organización política
20. V ......Aristóteles opina que la función principal de las leyes es hacer que los individuos desarrollen la virtud o excelencia ética

JUSTIFICACIÓN DE LAS RESPUESTAS FALSAS

Pregunta 3: La felicidad es una actividad, no un estado. Aunque la buena fortuna juega cierto papel, no es lo fundamental.
Pregunta 5: Se basa en la teleología, no en la teología.
Pregunta 8: La felicidad no es un don, sino algo que se conquista con gran esfuerzo, moldeando y enderezando el carácter.
Pregunta 9: También tiene sentido hablar de una función natural del ser humano. La naturaleza ha dado a cada ser natural –incluido el ser humano- una función propia.
Pregunta 12: Del cuerpo, no del alma.
Pregunta 13: Es justo al revés.
Pregunta 15: Estas cosas son condiciones necesarias de la felicidad, pero solo ellas no dan la felicidad, que es un tipo de vida basada en una actividad del alma racional conforme a la excelencia.
Pregunta 16: Plantea, además, el modelo de la vida teorética o contemplativa (Libro X), que es la felicidad más perfecta.
Pregunta 17: Práctico no significa útil, sino relativo a las acciones humanas.
Pregunta 19: El ser humano no puede ser feliz ni desarrollar su excelencia en el marco de una sociedad bárbara totalitaria, como la de los persas; solo en un marco social participativo semejante a la *polis*.

3. LAS EXCELENCIAS DEL CARÁCTER O "VIRTUDES ÉTICAS" Y SU RELACIÓN CON LAS "VIRTUDES DIANOÉTICAS"

Marca la opción correcta en cada caso:

1. ¿De cuántas partes se compone el alma humana, según Aristóteles?
a) De tres: racional, irracional y vegetativa
X b) De dos: racional e irracional
c) De cuatro: racional, irracional, vegetativa y apetitiva (o desadora)

2. Marca la única de las 3 afirmaciones que es verdadera, según Aristóteles:
a) El alma humana es inmortal
b) Los animales y las plantas no poseen alma, solo el ser humano
X c) La parte apetitiva del alma humana es irracional, pero puede dejarse dirigir por la razón

3. ¿Qué son las virtudes o excelencias éticas, según Aristóteles?
a) Excelencias en el funcionamiento de la facultad deliberativa del alma
X b) Excelencias en el ejercicio de las funciones de la parte deseadora del alma: hay virtudes éticas cuando esta parte del alma desea bien, es decir, desea lo bueno
c) Excelencias de la parte racional del alma

4. ¿Por qué son necesarias las virtudes éticas para que una deliberación sea buena y acertada?
a) Porque, gracias a las virtudes éticas, hallamos los medios que conducen a un fin bueno, este último lo determina la inteligencia práctica
b) Porque sin ellas sería imposible deliberar sobre los medios que conducen a un fin
X c) Porque la virtud ética hace que los fines que nos proponemos sean buenos, es decir, hace que nuestros deseos sean rectos y bien orientados

5. ¿Cuáles de los siguientes serían ejemplos correctos de virtudes éticas, según Aristóteles?
a) Generosidad, valentía, humildad
b) Generosidad, valentía, prudencia
X c) Generosidad, justicia, moderación

6. ¿Con qué tienen que ver las excelencias del carácter?
X a) Con las pasiones y deseos irracionales del alma, y con la inteligencia práctica
b) Con la sabiduría
c) Solo con los deseos y pasiones de la parte apetitiva o deseadora del alma

7. ¿Cuál o cuáles de las virtudes dianoéticas se relacionan con las virtudes éticas?
a) La sabiduría y el intelecto b) El intelecto y la inteligencia práctica X c) La prudencia

8. La inteligencia práctica es una excelencia en el ejercicio de las funciones de...

a) La parte apetitiva del alma
b) La facultad deliberativa (aplicada a la fabricación)
X c) Ninguna de las dos anteriores

9¿Cuál es la función principal de la inteligencia práctica?

a) Deliberar en abstracto sobre lo bueno y lo más conveniente para el ser humano
X b) Deliberar sobre lo verdaderamente conveniente para mí en cada situación concreta
c) Deliberar sobre los fines que hemos de proponernos en las acciones concretas

10. ¿Cuál de las siguientes afirmaciones es falsa, según Aristóteles?

X a) Las virtudes dianoéticas, en sentido estricto, son tres: ciencia, intelecto y sabiduría
b) Inteligencia práctica y destreza no son equivalentes
c) No podemos ser virtuosos sin inteligencia práctica, pero sí podemos realizar acciones virtuosas sin ella, por ejemplo, obedeciendo a las leyes.

4. ACCIÓN, HÁBITO Y CARÁCTER

Indica si las siguientes afirmaciones son verdaderas o falsas:

1. V ......Según Aristóteles, adquirimos las virtudes éticas repitiendo acciones virtuosas y adquiriendo hábitos
2. V ......La expresión aristotélica "segunda naturaleza" se refiere al carácter o *êthos*, que se define por un conjunto de virtudes y de vicios adquiridos, que se superponen a los dones y carencias naturales de un individuo
3. F ......También los animales, según Aristóteles, pueden desarrollar una "segunda naturaleza" o un carácter propio y particular
4. V ......Los animales, según Aristóteles, no son capaces de acciones (*praxis*), que son exclusivas del ser humano
5. V ......Para Aristóteles, cada uno se construye a sí mismo (su êthos) mediante sus acciones y elecciones
6. V ......Según Aristóteles, las virtudes éticas son disposiciones que, una vez adquiridas, nos predisponen a hacer acciones virtuosas y nos las hacen más fáciles
7. F ......Aristóteles coincide en lo esencial con Sócrates en el análisis de la responsabilidad moral: el malo, al actuar cegado por sus vicios, no es responsable moral de sus actos
8. V ......En opinión de Aristóteles, una vez adquirido un vicio, no es posible volver atrás, pues los vicios nos impiden ver con claridad lo más conveniente
9. V ......Según Aristóteles, cada uno elige y, en cierto sentido decide, su modo de ser
10. F ......En la Ética aristotélica un buen *êthos* es un buen carácter, que consiste en ser tolerante y de trato fácil

JUSTIFICACIÓN DE LAS RESPUESTAS FALSAS

Pregunta 3: Solo el ser humano puede hacerlo. Los animales, al no estar dotados de razón no pueden deliberar ni elegir. Están ya "hechos"; el ser humano "se hace" con sus acciones y elecciones.
Pregunta 4: El malo, aunque cegado por el vicio, es responsable de ser como es, pues ha elegido las acciones que le han llevado a ser malo y a hábitos malos. Ha elegido entonces su forma de ser.
Pregunta 10: No consiste en ser tolerante y fácil, sino en haber desarrollado, con esfuerzo, la excelencia en el obrar y en el sentir (la virtud ética), con ayuda de la inteligencia práctica y la repetición de acciones virtuosas.

5. LAS EXCELENCIAS DEL CARÁCTER COMO TÉRMINOS MEDIOS: LA INDIVIDUALIZACIÓN DE LA EXCELENCIA

Marca la opción correcta en cada caso:

1. Según Aristóteles, las pasiones del alma son...
a) Todas irracionales y, por tanto, malas
X b) Ni buenas ni malas
c) Ni buenas ni malas, pero, al ser irracionales, hay que lograr erradicarlas

2. ¿A qué se refiere la regla del término medio?
X a) A las pasiones y acciones b) A los instintos c) A ninguno de los anteriores

3. ¿Quién determina en cada caso concreto dónde está el verdadero término medio?
X a) La razón, o sea, la inteligencia práctica
b) El intelecto o *nous*
c) La facultad deliberativa, pero aplicada a la producción o fabricación

4. ¿A qué se refiere Aristóteles con el término medio?
X a) Al término medio relativo a cada uno a la hora de sentir y de actuar
b) Al término medio relativo a cada uno, pero solo a la hora de actuar
c) Al término medio para el ser humano en abstracto, referido a acciones y pasiones

5. El término medio en relación a la virtud ética es...
X a) Distinto para cada individuo y para cada situación
b) Igual para todos los seres humanos, pero diferente según la situación
c) Ninguna de las dos anteriores opciones es correcta

6. Señala cuál de las 3 siguientes afirmaciones es verdadera:
a) El valiente es aquel que no conoce el miedo
b) De alguien que todo lo da, sin mirar a quien, Aristóteles diría que es generoso
X c) El término medio en la virtud de la apacibilidad es variable, y consiste en enojarse cuando hay que enojarse, por un motivo determinado, con quien hay que enojarse, del modo debido y en con la intensidad debida

7. ¿Cómo se adquiere la virtud de la inteligencia práctica?
a) Mediante la repetición de acciones y mediante los hábitos
b) No se adquiere, pues es innata: se nace con ella
X c) Mediante la experiencia y las vivencias

8. ¿Cómo se llama la razón mediante la cual decide el hombre prudente?
X a) *Frónesis* b) Intelecto o *nous* c) *Logos*

9. ¿Cuál de las 3 afirmaciones es falsa?
a) No existe término medio virtuoso para todas las pasiones y acciones

b) La inteligencia práctica solo proporciona conocimientos probables sobre lo bueno y lo conveniente para cada uno

X c) La regla del término medio es infalible, según Aristóteles, y no admite excepciones

10. ¿Qué es la virtud ética?

a) Un hábito que nada tiene que ver con la razón, pues pertenece al alma irracional

X b) Un hábito referido a acciones y pasiones, moduladas por la razón

c) Disposiciones naturales e innatas del individuo

6. LA RELACIÓN ENTRE LAS EXCELENCIAS DEL CARÁCTER Y EL PLACER: LA EDUCACIÓN DE LAS INCLINACIONES

Indica si las siguientes afirmaciones son verdaderas o falsas:

1. F ......Si deseamos ser felices, según Aristóteles, es por el placer asociado a la felicidad
2. V ......La mayoría de los placeres que experimentan los humanos, en opinión de Aristóteles, no son verdaderos placeres humanos
3. V ......Los placeres buenos son todos naturales y van asociados al ejercicio de la racionalidad, que es la función natural del humano
4. V ......Los vicios hacen que nos propongamos como fines de nuestras acciones los placeres malos y nos ciegan, de tal modo que nos parecen buenos
5. V ......Las virtudes éticas, en tanto que excelencias de la parte deseadora del alma, nos habitúan a desear fines buenos, que van asociados a los placeres buenos
6. F ......Según Aristóteles, todos nuestros deseos, en el fondo, pueden reducirse a dos: el deseo de placeres y el deseo de evitar el dolor
7. F ......Según Aristóteles, el fin que la educación moral del individuo debe perseguir es erradicar sus dos inclinaciones naturales a buscar el placer y a huir del dolor, pues son irracionales y, además, no siempre hay que evitar ciertos dolores y sacrificios
8. V ......Según Aristóteles, para educar a alguien en la excelencia ética hay que lograr modular y reorientar sus deseos (fines), que nacen de la parte irracional de su alma
9. V ......Para lograr lo anterior, Aristóteles propone redirigir las dos inclinaciones naturales del alma hacia fines y placeres buenos
10. V ......A su vez, lo anterior se logra por medio de una especie de condicionamiento psicológico (de la *psiqué*) que tiene como meta aprender a gozar de las acciones virtuosas y aprender a no gozar del vicio

JUSTIFICACIÓN DE LAS RESPUESTAS FALSAS

Pregunta 1: Deseamos ser felices, no por el placer, sino porque la felicidad es un bien en sí mismo deseable, al que por naturaleza estamos orientados. Pero, ciertamente, va acompañada de placer.
Pregunta 6: En absoluto. Es cierto que deseamos el placer y la ausencia de dolor –unos individuos con más tendencia que otros- pero también deseamos otras bienes, aunque no vayan asociados a ellos, tales como la felicidad, el ver, el conocer, el oír, etc...
Pregunta 7: No erradicarlas, sino educarlas o redirigirlas en beneficio de nuestra excelencia y nuestra felicidad.

7. EL MODELO MORAL: EL HOMBRE EXCELENTE

Marca la opción correcta en cada caso:

1. ¿Qué es para Aristóteles el hombre virtuoso o *spoudaios*?
a) Un ideal moral inalcanzable
X b) Un modelo moral, encarnado en ciertos individuos reales
c) Un ejemplo a seguir, solo accesible al filósofo

2. ¿Qué función cumple en la Ética aristotélica el hombre virtuoso?
X a) Es el criterio moral y el modelo moral a imitar
b) Solo es un modelo a imitar
c) Solo es un criterio para diferenciar los placeres buenos de los malos

3. ¿Cuándo podemos estar seguros de que un placer es bueno, según Aristóteles?
X a) Cuando así se lo parece al hombre virtuoso
b) Cuando la mayoría opina que lo es
c) Cuando a uno mismo, de acuerdo con su opinión, así se lo parece

4. ¿Qué es un criterio moral?
a) Una norma de conducta que ordena hacer algo
b) Una ley de la ciudad que ordena hacer o no hacer algo
X c) Un patrón o regla para diferenciar lo bueno de lo malo

5. Marca la única afirmación que es falsa:
a) El hombre virtuoso es el que todos o la mayoría elogian por sus acciones
X b) El hombre virtuoso no siempre coincide con el hombre prudente
c) Debemos imitar la conducta del hombre virtuoso cuando falle o escasee nuestra inteligencia práctica.

ACTIVIDADES CAPÍTULO 1

a) ACTIVIDADES PARA UNA BUENA LECTURA

1. ¿LO DICE EL TEXTO? ¿VERDADERO O FALSO?: Lee atentamente este capítulo y contesta verdadero o falso. En caso de que contestes F, razona tu respuesta por escrito, pero siempre apoyándote en el texto.

1. V....... No lo dice el texto, pero, como sabemos, entre las virtudes dianoéticas se encuentran la inteligencia, la sabiduría y la prudencia (o inteligencia práctica); entre las éticas están la generosidad, la justicia o la valentía.
2. F .... En el texto se dice que ninguna de las dos clases de virtudes se aprenden, sino que se tienen o no se tienen por naturaleza, o sea, por nacimiento.
3. V .... Las excelencias del carácter (o virtudes éticas) se parecen bastante a las artes, pues se logran y perfeccionan ejercitándose mediante la práctica y la repetición de acciones, que generan hábitos (costumbres)
4. F .... También las "capacidades naturales", tales como la vista y el oído, se adquieren poco a poco, mediante el uso y la práctica.
5. V .... El texto viene a decir en algún momento que la práctica y la adquisición de hábitos generan las virtudes éticas, y también pueden destruirlas y dar lugar a vicios, según sean las acciones que practiquemos.
6. F .... Se desprende claramente de este capítulo que se nace buen citarista o mal citarista, del mismo modo que uno nace justo o injusto de carácter, valiente o cobarde.

JUSTIFICACIÓN DE LAS RESPUESTAS FALSAS

Pregunta 2: La virtudes éticas se adquieren mediante el hábito o costumbre, las dianoéticas se desarrollan con el estudio y la experiencia.
Pregunta 4: Se tienen desde el nacimiento.
Pregunta 6: Uno se hace buen citarista, con la práctica, lo mismo que se hace justo, no se nace.

2. **LOCALIZA, SUBRAYA Y RELACIONA**: Localiza y subraya en el texto las expresiones del Capítulo 1 que aparecen a la izquierda de la siguiente tabla y relaciónalas con las que aparecen en la columna de la derecha colocando el número correspondiente sobre los espacios con puntos.

SOLUCIÓN: A5, B3, C1, D4, E6, F2

CAPITULO 1	
a) ....."virtudes dianoéticas"	1. Que se tiene o no se tiene desde el nacimiento; innato, que no tiene su origen en un aprendizaje o en la costumbre.
b) ..... "virtudes éticas"	2. No pueden modificarse mediante la costumbre o el hábito. No pueden ser de otro modo a como son.
c) ..... "por naturaleza"	3. Excelencias del modo de ser o carácter relacionadas con la parte apetitiva del alma.
d) ..... "las artes"	4. Saberes técnicos relacionados con oficios o profesiones, en algunos aspectos parecidos a las virtudes éticas
e) ..... "los apetitos"	5. Se relacionan con la parte racional del alma
f) ..... "las cosas naturales"	6. Tendencias de la parte irracional del alma, tales como el hambre, la sed, el deseo sexual, etc.., a veces impetuosas y difíciles de gobernar.

b) SÍNTESIS Y ESTRUCTURA DE UN TEXTO (CUESTIÓN 1ª PAU)

LOS TEXTOS ARGUMENTATIVOS: El capítulo 1 es un claro ejemplo de texto argumentativo. En todos los textos argumentativos como éste podemos encontrar una **tesis** o idea central que resume la posición del autor en torno al tema o asunto tratado, y que el autor defiende con razones o argumentos, con la finalidad de convencer al lector y de justificar razonadamente su punto de vista. La tesis puede o no coincidir literalmente con una frase del texto. Lo más importante es que la formulemos mediante una oración –más o menos larga- que afirme o niegue algo relacionado con el tema que el texto aborda. Los argumentos son las razones que el autor ofrece en el texto a favor de la tesis; deben de poderse conectar con la tesis mediante un "porque". Si no es así, tenemos que revisarlos (o revisar la tesis), pues probablemente nos hemos equivocado. Cuando un texto es argumentativo, la mejor manera de hacer una síntesis que, al mismo tiempo, refleje su estructura, es exponer en tu resumen el tema o asunto tratado, la tesis y los argumentos a su favor, señalando las líneas del texto en que se recogen. Con el fin de que te sirvan de ejemplo y de modelo, la tesis y los argumentos de este capítulo están expuestos en la "**Guía de lectura del capítulo 1**". Repásala.

c) DEFINICIÓN Y EXPLICACIÓN DE TÉRMINOS (CUESTIÓN 2ª PAU)

3. En este capítulo aparecen ciertos términos (adjetivos y sustantivos) referidos a 4 excelencias del carácter (virtudes éticas). Subráyalos y define las 4 virtudes a las que aluden. Haz lo mismo con los 4 términos del texto que aluden a 4 vicios distintos.

En este texto aparecen varios adjetivos y sustantivos que se refieren a excelencias del carácter:

- "Justicia", "justos" (en oposición a los "injustos")
- "Templanza", "templados", "moderados" (en oposición a los "desenfrenados e iracundos")
- "Fortaleza", "fuertes", "valientes" (en oposición a los "cobardes")
- "Apacibles" (en oposición a los "iracundos")

Las virtudes aludidas son en realidad, a lo sumo, cuatro, pues los términos "fortaleza" y "fuertes" aluden en realidad, no a una cualidad física, sino a la virtud de la valentía (*andreía*). El término "apacibles", hace referencia a la virtud de la apacibilidad, no exactamente idéntica a la de la moderación. Así, los ejemplos de excelencias aludidos en este capítulo I podrían ser los cuatro siguientes: Justicia, templanza, valentía y apacibilidad. En este punto de la lectura, se pretende tan solo que alumno se familiarice sobre el significado habitual de estos términos, usando el diccionario. En la filosofía de Aristóteles, su significado preciso sería el siguiente:

a) Justicia: Virtud o excelencia que consiste en dar a cada uno lo que se merece. Aristóteles, sin embargo, distinguirá entre la justicia conmutativa y la distributiva.
b) Templanza: Es lo mismo que moderación, y lo contrario al desenfreno y a la insensibilidad para el goce. Consiste en Aristóteles en el término medio en el deseo y disfrute de los placeres; dicho con otras palabras, en someter al control de la razón el deseo de placeres, sin excederse y sin quedarse corto, y sobre todo eligiendo los más convenientes.
c) Valentía: Es lo mismo que el valor o la fortaleza. Es la *andreia* de los griegos, la virtud propia del varón. Para Aristóteles consiste en saber regular racionalmente la pasión del miedo, sabiendo elegir siempre el término medio, sin excederse, pero sin quedarse corto cuando la situación requiera cierta dosis de miedo. También es la regulación racional de la pasión de la osadía, es decir, el término medio en dicha pasión, sin excederse y sin quedarse corto.
d) Apacibilidad: Excelencia ética referida al control racional de la pasión de la ira; es el término medio en dicha pasión, sin excederse, pero sin quedarse corto cuando la situación la requiere.

4. Toma el texto que va desde el principio del capítulo 1 hasta 1103 b (hasta "*...la fortaleza, fuertes"*. **Define y explica la expresión** "*por naturaleza*", en contraposición a "*por costumbre*", apoyándote tanto en el texto (no olvides indicar los párrafos o líneas), como en tus conocimientos sobre la filosofía de Aristóteles.

La expresión "por naturaleza" se define en el texto por contraposición a la costumbre, y Aristóteles la usa para indicar que las excelencias del carácter, no se posen por naturaleza, sino que se adquieren por la costumbre. Tener algo por naturaleza equivale a tenerlo desde el nacimiento, sin que sea el resultado de una adquisición posterior mediante el aprendizaje. En este sentido "por naturaleza" se contrapone a "aprendido" por medio de la costumbre o la práctica, y viene a ser sinónimo de innato. En el texto se citan dos características de las cosas que son o se tienen por naturaleza:

1. En el primer párrafo del texto se dice que "ninguna cosa natural es modificada por la costumbre", es decir, por mucho que nos esforcemos en cambiarla a fuerza de ejercicio y repeticiones. Pone como ejemplo la tendencia natural de la piedra a caer hacia abajo. Por eso, además, la virtud ética no se tiene por naturaleza, pues se adquiere gracias a la repetición de acciones virtuosas, esto es, mediante la costumbre o el hábito.

2. En el segundo párrafo se dice que otra característica de aquello que se posee por naturaleza es que "adquirimos primero la capacidad y después producimos la operación". Ilustra esto con el ejemplo de la vista y del oído, capacidades o dones que primero tenemos por naturaleza, y luego, gracias a ello, podemos ejercitar las operaciones de ver y oír. Justo lo contrario pasa con aquellas cosas, como las excelencias éticas, que, en principio, no las poseemos, sino que, a fuerza de realizar ciertas operaciones (acciones virtuosas repetidas), las podemos conseguir mediante la costumbre o el hábito. En esto las virtudes se parecen más a las artes que las capacidades o facultades naturales, pues también las artes se adquieren mediante la práctica y el ejercicio, tal y como se indica al final del texto, poco antes de 1103b. Queda así definida la expresión "por naturaleza", en contraposición a "por costumbre" o hábito.

5. En el mismo texto de la pregunta anterior, **define y explica los términos relacionados** "*virtudes éticas*" y "*virtudes dianoéticas*", apoyándote en el texto y también en tus conocimientos sobre la filosofía de Aristóteles.

El texto comienza señalando dos clases de virtudes: "la dianoéticas y la ética". En ambos casos se trata de *aretai* o excelencias del alma humana, es decir, de excelencias en el buen ejercicio de las funciones del alma humana. Sin embargo, las excelencias dianoéticas se refieren al ejercicio de las facultades o funciones de la parte racional del alma, ligadas al conocimiento. Como sabemos, son cinco: intelecto, ciencia, sabiduría, inteligencia práctica y técnica. En cambio, las excelencias éticas o del carácter son propias de la parte apetitiva o deseante del alma irracional humana, que, aunque irracional, puede someterse al control de la parte racional. Como el texto indica, las virtudes éticas no se tienen por naturaleza o nacimiento, sino que se adquieren por medio de la práctica y la repetición de acciones, es decir, por medio de "la costumbre" y del hábito. Las virtudes éticas son en realidad hábitos que perfeccionan la función del alma al permitir "domar" las pasiones irracionales y someterlas al control de la razón. Consisten en el término medio entre el exceso y el defecto en las pasiones y acciones. Justo al final del texto el autor cita como ejemplos de excelencias éticas a la justicia, la templanza y la fortaleza o valentía (*andreía*). Además, aunque efectivamente, no se tienen por naturaleza, al final del primer párrafo se indica que eso no significa que las virtudes éticas sean antinaturales o contrarias a la naturaleza; más bien lo que ocurre es que tenemos una aptitud o capacidad natural para desarrollarlas y perfeccionarlas, pero no las poseemos de manera innata (algo así como el lenguaje: tenemos la capacidad natural de hablar, pero no hablamos desde que nacemos y necesitamos de un aprendizaje y de la práctica para desarrollar esta capacidad)

Por otra parte, en las primeras líneas del texto, Aristóteles marca otra diferencia entre las virtudes éticas y las dianoéticas, referida justamente a su origen. En efecto, como hemos dicho, las primeras se adquieren mediante la costumbre, y, según Aristóteles, de ahí les viene el nombre: En efecto, Aristóteles relaciona el adjetivo "ético" aplicado a las virtudes éticas con el término "*éthos*", que en griego significa "hábito o costumbre", indicando con ello que hasta en la propia denominación de dichas virtudes se alude al modo como se adquieren. En cambio, las virtudes dianoéticas como la ciencia, el intelecto o la técnica se aprenden y se desarrollan mediante la enseñanza (el estudio), y también mediante la experiencia y el tiempo.

d) REDACCIONES (CUESTIÓN 3ª PAU)

6. "Acciones, hábitos y carácter".

Ver sobre todo el epígrafe del libro del mismo título, en la página 48.
Para elaborar esta redacción consultar antes los siguientes apartados:

- Capítulos 1-2 del Libro II de la *Ética a Nicómaco*, y sus correspondientes guías de lectura.
- Apartado 4 entero "Acción, hábito y carácter" (páginas 48 y siguientes)

7. "¿Son las virtudes éticas cualidades del carácter naturales o adquiridas?"

Para elaborar esta redacción consultar antes los siguientes apartados:

- Capítulos 1 del Libro II de la *Ética a Nicómaco*, y su guía de lectura.
- Epígrafe 3.3.2 titulado "Las virtudes éticas o excelencias del carácter", página 38
- Apartado 4 entero "Acción, hábito y carácter" (páginas 48 y siguientes)

e) ACTIVIDADES DE RELACIONAR (CUESTIÓN 4ª PAU)

8. ¿El malo nace o se hace? Investiga en internet sobre alguna teoría psicológica o sociológica actual que explique las causas de la llamada **desviación social** (la delincuencia, por ejemplo) y compáralo brevemente con lo que dice Aristóteles sobre cómo se hace uno malo.

Para responder a esta cuestión, el alumno tendrá que escribir un texto de unas 20 líneas, después de haberse documentado suficientemente. Para ello, pueden consultarse los epígrafes 4.1. y 4.2 ("La elección del carácter"), páginas 48 y siguientes. Puede resultar interesante comparar el punto de vista de Aristóteles ("el malo se hace") con el enfoque biológico en sociología de la desviación social. O bien, comparar Aristóteles con otras teorías sociológicas o conductistas actuales que presenten alguna coincidencia con su punto de vista. Para ello, pueden consultarse los siguientes enlaces, entre otros:

http://es.wikipedia.org/wiki/Sociolog%C3%ADa_de_la_desviaci%C3%B3n

http://principiodeidentidad.blogspot.com.es/2008/02/el-delincuente-nace-se-hace.html

http://adolescenciaantisocial.blogspot.com.es/2011/04/pregunta-problema-un-criminal-nace-o-se.html

ACTIVIDADES CAPÍTULO 2

a) ACTIVIDADES PARA UNA BUENA LECTURA

1. ¿LO DICE EL TEXTO? ¿VERDADERO O FALSO?: Lee atentamente este capítulo y contesta verdadero o falso. En caso de que contestes F, razona tu respuesta en tu cuaderno de clase, pero siempre apoyándote en el texto.

1. V ....Que las acciones "determinan la calidad de los hábitos" quiere decir que si las acciones son malas, darán lugar a malos hábitos; y si son buenas, a buenos hábitos.
2. V ...... Según se desprende del segundo párrafo, la filosofía puede descubrir principios generales que orienten nuestras acciones, pero estos principios no serán muy rigurosos y no servirán siempre ni de igual modo para todos.
3. F ...... Uno de esos principios generales aconseja, según se desprende del texto, huir de los extremos, pues el exceso y el defecto destruyen la virtud, y pone como ejemplos la generosidad y la magnanimidad
4. F ...... De los ejemplos que da Aristóteles y de acuerdo con la teoría del término medio, queda claro que el valiente no debe tener en absoluto nada de miedo.
5. V ...... La frase "de lo mismo dependerán también sus operaciones" quiere decir, por ejemplo, que de la virtud de la valentía se seguirá la disposición a hacer acciones semejantes, esto es, acciones valerosas.

JUSTIFICACIÓN DE LAS RESPUESTAS FALSAS

Pregunta 3: Los ejemplos que pone son la templanza y la fortaleza (*andreía)*
Pregunta 4: El valiente debe experimentar el miedo que la situación y las circunstancias requieran, no más, pero tampoco menos (de lo contrario sería temerario)

2. LOCALIZA, SUBRAYA Y RELACIONA: Localiza y subraya en el texto las expresiones del Capítulo 2 que aparecen a la izquierda de la siguiente tabla y relaciónalas con las que aparecen en la columna de la derecha colocando el número correspondiente sobre los espacios con puntos.

SOLUCIÓN: A8, B5, C6, D2, E7, F1, G3, H4

CAPÍTULO 2	
a) ..... "teórico"	1. valentía o *andreia*
b) ..... "la calidad de los hábitos"	2. un consejo u orientación aplicable a todos en general
c) ..... "la recta razón"	3. moderación y control sobre los deseos y apetitos, templanza
d) ..... "un principio común"	4. temerario
e) ..... "lo que es oportuno"	5. buenos o malos
f) ..... "la fortaleza"	6. prudencia o inteligencia práctica (*frónesis*)
g) ..... "morigerado"	7. lo conveniente para desarrollar las excelencias del carácter
h) ..... lo opuesto al cobarde	8. que busca el conocimiento por mero afán o deseo de saber, sin tener en cuenta su utilidad

b) SÍNTESIS Y ESTRUCTURA DE UN TEXTO (CUESTIÓN 1ª PAU)

3. En el segundo párrafo del capítulo 2 Aristóteles defiende la tesis de que la Ética no puede ser un saber tan riguroso ni preciso como otros, de modo que "*todo lo que se diga de las acciones debe decirse en esquema y no con rigurosa precisión*" (1104a). Aristóteles argumenta y justifica esta afirmación, dando dos razones. Identifica en el texto estas razones y exponlas por escrito con tus propias palabras.

Las dos razones en que se basa para afirmar que "*todo lo que se diga de las acciones debe decirse en esquema y no con rigurosa precisión*" (1104a) son las siguientes:

1. "*Se ha de tratar en cada caso según la materia*" (1104 a), esto es, hay materias como la física o la metafísica que, al tratar sobre cosas que son necesariamente como son, permiten un conocimiento preciso y riguroso; pero éste no es el caso de la Ética o filosofía moral, porque las acciones humanas no están regidas por la necesidad y son por tanto

contingentes (actuamos a veces de una manera, pero podríamos haberlo hecho de otra). En esto la Ética se parece a la medicina: En efecto, la medicina defiende, por ejemplo, el principio general de que el ejercicio físico es bueno para la salud, pero algunos enfermos lo que necesitan es reposo, y el ejercicio –incluso el más moderado- les perjudicaría. La ética nos puede decir cómo debemos orientar nuestras acciones en general, pero –como pasa con la medicina- esos principios no serán nunca tan rigurosos, ni tan precisos, ni tan universales como los de otros saberes más ciertos.

2. Pero es que, además, ya fuera del terreno de la reflexión ética en general, en el terreno concreto de las acciones y de las decisiones del día a día, aún es más difícil dar consejos o principios precisos. Corresponde a cada uno, como individuo, elegir las acciones y decisiones que considere mejor, de acuerdo con principios generales, sí, pero adaptándolos y ajustándolos a sus características propias y a las circunstancias concretas de su situación (final del segundo párrafo). De nuevo Aristóteles **COMPARA** este saber práctico del día a día sobre las acciones particulares, con el arte de la medicina y con el arte del piloto que dirige una embarcación; en todos esos casos los principios generales deben modularse teniendo siempre en cuenta las circunstancias concretas.

c) DEFINICIÓN Y EXPLICACIÓN DE TÉRMINOS (CUESTIÓN 2ª PAU)

4. Apóyate en el capítulo 2 para completar las celdas vacías de la siguiente tabla, en la que se ejemplifica la teoría del término medio aplicado a las virtudes del carácter:

VICIOS POR DEFECTO	LA VIRTUD EL TÉRMINO MEDIO	VICIOS POR EXCESO
TEMERIDAD	FORTALEZA O VALENTÍA	COBARDÍA (Exceso de miedo)
INSENSIBILIDAD	TEMPLANZA	INTEMPERANCIA O DESENFRENO (EL VICIO DEL LICENCIOSO, exceso en el deseo de placeres)

5. Considera el texto formado por los dos primeros párrafos del capítulo 2 (hasta *"...nuestra contribución")*. **Define y explica los términos** "*teórico*" (en contraposición a *práctico*) y "*recta razón*", apoyándote, tanto en el texto (no olvides indicar los párrafos o líneas), como en tus conocimientos sobre la filosofía de Aristóteles.

El término “teórico” se refiere en este texto a cierta clase de saberes (“tratados”), que, tal y como se indica al principio del mismo, se cultivan con el único fin de “saber” y de saciar la aspiración humana de conocimiento. Aristóteles se está refiriendo sin duda a saberes como la física, las matemáticas o la teología. Son saberes teóricos los que reflexionan sobre aquellas realidades invariables que se rigen por leyes y principios necesarios. No se buscan por su utilidad, sino tan solo para satisfacer el deseo humano de conocimiento y por el placer asociado a la investigación. Proporcionan un conocimiento verdadero y riguroso, dado que la materia de estudio permite el rigor y la exactitud. Los saberes teóricos se contraponen a los saberes prácticos, tales como la ética, la sabiduría práctica y la política. El término “práctico” no aparece en el texto, pero está claramente aludido con la expresión “lo relativo a las acciones”, que se menciona en dos ocasiones. En efecto, frente a los saberes teóricos, los prácticos o “relativos a las acciones”, no versan sobre cosas invariables. Como estas cosas son variables y no se rigen por principios necesarios, a diferencia de los saberes teóricos, los prácticos tan solo pueden aportar un conocimiento que, como dice el autor en este texto, es solo “en esquema y no con rigurosa precisión” (1104 a), dado que cada individuo tiene que considerar lo que es más conveniente y adecuado en cada situación concreta, sin que pueda valerse de “ningún arte ni precepto” de carácter universal, tal y como indica el texto en el segundo párrafo (1104 a)

Respecto del término “recta razón”, el texto aporta muy poca información, y deja la cuestión de su definición para capítulos posteriores, tal y como se indica expresamente en el segundo párrafo. Se deduce, sin embargo, que se trata de una facultad que debe dirigir nuestro actuar, es decir, de una facultad práctica y por tanto relativa a las acciones y a lo más conveniente. Sabemos, sin embargo, que con este término Aristóteles se está refiriendo a la *frónesis*, esto es, a la prudencia o sabiduría práctica. Esta es una virtud dianoéticas, la excelencia en el buen funcionamiento de la facultad deliberativa o calculadora del alma racional aplicada a las acciones y elecciones humanas. Consiste en la capacidad para determinar y elegir siempre lo mejor y lo más conveniente para el bien del ser humano en el vivir cotidiano. Ella es la que calcula, en cada situación concreta y para cada individuo, dónde reside el término medio de las pasiones y acciones en que consiste la virtud ética. Volviendo al texto, se desprende también de él, que a diferencia de lo que pasa con otras facultades del alma racional -que proporcionan conocimientos exactos y rigurosos-, la recta razón solo puede proporcionar conocimientos aproximativos y no rigurosamente precisos, referidos a lo conveniente y lo mejor.

6. Toma el texto formado por los párrafos 3 y 4 del capítulo 2 (desde *“En primer lugar...”* hasta el final del capítulo). **Define y explica en ese texto los términos relacionados** “*virtudes* y “*término medio”*

Al hablar en este texto de “virtudes”, el autor se está refiriendo a las virtudes éticas o excelencias del carácter (no a las dianoéticas). Prueba de ello es que en el primer párrafo cita como ejemplos de virtudes a “la templanza” y a “la fortaleza”, que, como sabemos, son virtudes éticas. Del texto se desprende que las virtudes éticas son ciertas excelencias del carácter que se destruyen tanto por el exceso como por el defecto, mientras que, como se dice al final del primer párrafo, "el término medio las conserva". Por eso el texto las compara con la salud y la robustez, cualidades que, como las virtudes, también se destruyen por el exceso y por el defecto.

En el caso de las virtudes éticas Aristóteles se está refiriendo al exceso y al defecto de una pasión o acción. La virtud ética consiste en el hábito de elegir una cierta "medida" en las pasiones y acciones que huya de los extremos. Esta medida o proporción es lo que Aristóteles llama el término medio: la "medida" exacta, determinada por la razón en cada situación concreta, para el logro de lo más conveniente para cada individuo. Por tanto, virtud ética y término medio se identifican. Por otra parte, sabemos que el término medio de que habla Aristóteles no consiste en un punto medio equidistante de dos extremos (el exceso y el defecto), sino en una medida o proporción en el sentir y en el actuar, situada, ciertamente entre dos extremos, pero variable en función de cada individuo y de cada circunstancia particular.

En el segundo párrafo del texto se dice también que las virtudes éticas se generan mediante la repetición de acciones, pero, además, una vez adquiridas, predisponen para la realización de acciones virtuosas, haciéndolas más fáciles: "Apartándonos de los placeres nos hacemos morigerados y una vez que lo somos, podemos apartarnos mejor de ellos". Las virtudes, son, por tanto, también cierta clase de disposiciones a actuar en una cierta dirección (el bien del ser humano). Por consiguiente, podemos definir las virtudes éticas como hábitos o disposiciones adquiridos mediante la repetición de acciones virtuosas que perfeccionan el alma humana y que consisten en el término medio, adaptado a cada uno y a las circunstancias, entre el exceso y el defecto en las pasiones y acciones.

d) REDACCIONES (CUESTIÓN 3ª PAU)

7. "Acciones, carácter (*êthos*) y felicidad" (¿Qué relaciones podemos establecer entre acciones y carácter? ¿y entre carácter y felicidad?)

Para elaborar esta redacción consultar antes los siguientes apartados:

- Capítulos 1-2 del Libro II de la *Ética a Nicómaco*, y sus correspondientes guías de lectura.
- Apartado 2, titulado "Bien, felicidad, virtud" (página 22), en particular los epígrafes 2.2, 2.3 y 2.4
- Apartado 4 entero "Acción, hábito y carácter" (página 48)

e) ACTIVIDADES DE RELACIONAR (CUESTIÓN 4ª PAU)

8. En el siglo XVII, el filósofo racionalista francés, René Descartes, en su obra *Discurso del Método* propuso una moral, a la que denominó "moral provisional", compuesta por 4 reglas o máximas de acción. La primera de ellas está inspirada en parte en la teoría aristotélica del término medio. Indaga cuál es el contenido de dicha regla y expón la relación con la teoría del término medio. Inventa un título breve y apropiado para tu respuesta.

"Influencia de Aristóteles en la primera máxima de la moral provisional de Descartes".

En la Tercera Parte de su famoso *Discurso del Método*, René Descartes, expone la que denomina su moral provisional (Moral par provision). Dicha moral consta de 4 máximas o reglas de acción. La tercera de ellas dice que hay que "obedecer las costumbres, las leyes y la religión del país en que hemos nacido; y que en todo lo demás debemos regirnos por las opiniones más moderadas, las propias de los hombres más sensatos". En esta máxima es patente la influencia de la teoría del término medio de ARISTÓTELES, cuya filosofía Descartes conocía en profundidad, gracias a sus años de estudio en el colegio jesuita de La Flèche, donde estudió sobre todo filosofía escolástica, fuertemente influenciada por Aristóteles. Según Aristóteles, la virtud es el punto medio, referido a pasiones y acciones, entre dos extremos, uno por exceso y otro por defecto, y ambos son vicios. El término medio así entendido es siempre lo más conveniente y ventajoso para la felicidad y el perfeccionamiento del ser humano. La influencia de esta doctrina sobre Descartes es evidente en la segunda parte de la máxima: "En todo lo demás regirme por las opiniones más moderadas, las propias de los hombres sensatos". Y estos últimos son los hombres prudentes sobre los que teoriza Aristóteles. Prudente es el hombre sabio que ha desarrollado su sabiduría práctica a fuerza de vivencias y de experiencia sobre las cosas de la vida. Sus opiniones son las más acertadas porque se alejan menos del término medio y son fruto de la razón experimentada. Para Descartes, elegir la opinión más moderada, esto es, el término medio aristotélico, tiene además la ventaja de que si nos equivocamos –pues, como dice Aristóteles, en los asuntos prácticos del vivir la exactitud no existe y el error es siempre posible- nos alejaremos menos de lo correcto que si hubiéramos elegido uno de los dos extremos. Y en esto coincide también con Aristóteles (Ver capítulo 9, Libro II)

ACTIVIDADES CAPÍTULO 3

a) ACTIVIDADES PARA UNA BUENA LECTURA

1. USA EL DICCIONARIO: Ayúdate del diccionario para definir las siguientes palabras o expresiones que aparecen en este capítulo: "indicio", "morigerado", "licencioso", "contristarse", "discernir", "impasibilidad", "serenidad", "ira", "aversión", "afección".

2. **¿LO DICE EL TEXTO? ¿VERDADERO O FALSO?:** Lee atentamente este capítulo y contesta verdadero o falso. En caso de que contestes F, razona tu respuesta en tu cuaderno de clase, pero siempre apoyándote en el texto.

1. F....... Al principio del texto se dice que el valiente se enfrenta a los peligros con valentía, pero el cobarde se aflige o entristece cuando realiza acciones cobardes.
2. V....... Se dice a continuación que muchas veces nos apartamos de la virtud por buscar de manera inapropiada el placer o por rehuir ciertos sufrimientos.
3. V....... Otra relación entre las virtudes o excelencias, por una parte, y el placer y el dolor, por otra, es que las primeras tienen que ver con las acciones y pasiones (la ira, el miedo, la alegría, etc.), y estas van asociadas siempre al placer o al dolor. Luego... la virtud tiene que ver con el placer y el dolor.
4. F....... Aristóteles está de acuerdo con aquellos que afirman que las virtudes son una especie de "impasibilidad" o indiferencia frente al placer y al dolor
5. F....... Por consiguiente, Aristóteles defiende que la "buena educación" del carácter consistirá en renunciar a de todo tipo de placer.

JUSTIFICACIÓN DE LAS RESPUESTAS FALSAS

Pregunta 1: No, cuando realiza acciones valientes
Pregunta 4: No está en absoluto de acuerdo. No hay que renunciar al placer, sin más; lo importante es qué placeres elegir, cuándo gozarlos, en qué medida y de qué manera.
Pregunta 5: La buena educación debe hacer uso de nuestra inclinación al placer en beneficio del logro de la excelencia o virtud ética; no renunciar al placer, aunque sí a algunos placeres aparentes. En eso consiste este arte.

3. LOCALIZA, SUBRAYA Y RELACIONA: Localiza y subraya en el texto las expresiones del Capítulo 3 que aparecen a la izquierda de la siguiente tabla y relaciónalas con las que aparecen en la columna de la derecha, colocando el número correspondiente sobre los espacios con puntos.

SOLUCIÓN: A5, B1, C4, D2, E3

CAPÍTULO 3	
a) ..... "placer y dolor"	1. Complacerse y contristarse bien, como es debido
b) ..... "la buena educación"	2. Lo feo o lo perjudicial o lo penoso (o lo desagradable)
c) ..... "impasibilidad" ante el placer y el dolor	3. Lo hermoso o lo conveniente o lo agradable
d) ..... cosas que nos producen rechazo o aversión	4. Filósofos cínicos. Idea que Aristóteles rechaza
e) ..... lo que hace que unas cosas sean preferibles a otras	5. Indicios o señales de los hábitos (buenos o malos) que uno posee; también aquello por lo que regulamos nuestras acciones

b) SÍNTESIS Y ESTRUCTURA DE UN TEXTO (CUESTIÓN 1ª PAU)

4. Considera el texto formado por el último párrafo del capítulo 3 hasta "*...a placeres y dolores*". Haz una s***íntesis de ese texto que refleje, al mismo tiempo, su estructura.*** No olvides indicar las líneas o párrafos en que se localiza cada parte o núcleo temático, en que se divide el texto, o bien las razones o argumentos a favor de la tesis, si el texto fuera argumentativo. En tu resumen evita copiar literalmente del texto y usa comillas siempre que cites expresiones o palabras del mismo.

La estructura de este texto es claramente argumentativa y conclusiva. El texto presenta desde el principio una serie de argumentos o ideas, tendentes a demostrar la tesis o conclusión, que aparece al final del mismo, a saber: que la virtud ética se refiere también a placeres y dolores, y se relaciona con ellos (tesis), por lo que si queremos lograr la virtud o excelencia habrá que prestar atención al placer y al dolor. Esta tesis va precedida, como decíamos, de una serie de ideas que sirven de razones o argumentos en su defensa. Esas ideas podemos agruparlas en dos argumentos o razonamientos:

1. Primer argumento (aproximadamente hasta 1105a): Los objetos de preferencia son tres: lo hermoso, lo conveniente y lo agradable (lo placentero); los objetos de aversión son sus contrarios: lo feo, lo perjudicial y lo penoso (lo desagradable, lo doloroso). Los 3 objetos de preferencia parecen reducirse al último, pues lo hermoso y lo conveniente son siempre cosas agradables y placenteras. Por otra parte, el hombre bueno, es decir, el que posee la virtud o excelencia ética, se define como el que acierta en esas cosas, vinculadas a lo agradable y placentero; y el malo, como aquel que yerra en sus elecciones. Luego... la virtud se relaciona con el placer y el dolor (tesis)

2. El segundo argumento lo encontramos desde el principio de 1105a hasta el final del texto. También va encaminado a demostrar la tesis y se apoya en las siguientes ideas:

- Todos regulamos nuestras acciones por el placer y el dolor, es decir, intentamos elegir lo que nos parece placentero y evitar lo que nos parece doloroso.
- Esta tendencia es más fuerte en unos individuos que en otros, y hay que añadir que puede conducirnos a la virtud o apartarnos de ella
- De lo anterior se sigue que es extraordinariamente importante a la hora de actuar "complacerse y contristarse bien", esto es, elegir bien los placeres adecuados y evitar solo los dolores que no nos convienen. En esto consiste servirse bien del placer y del dolor.
- Quienes eligen bien los placeres y evitan los dolores que hay que evitar, se harán buenos; los que no, se harán malos.

El texto concluye con la tesis que hemos formulado al principio: En efecto, como consecuencia de todo lo expuesto, queda demostrado que la virtud se relaciona con el placer y el dolor, y que un estudio serio de la virtud no puede omitir consideraciones en torno al placer y al dolor, y la política y la ética deberán prestar atención a estos vínculos para educar a los hombres en la virtud.

c) DEFINICIÓN Y EXPLICACIÓN DE TÉRMINOS (CUESTIÓN 2ª PAU)

FE DE ERRATAS: En el libro de texto hay un error en la formulación de la pregunta 5, que en realidad está referida a los párrafos 1 y 2 del capítulo 3. Pedimos encarecidas disculpas. La formulación correcta de la pregunta es la siguiente:

5. Considera ahora el texto formado por los párrafos 1 y 2 del capítulo 3. **Define y explica el concepto "*buena educación*",** apoyándote, tanto en el texto (no olvides indicar los párrafos o líneas), como en tus conocimientos sobre la filosofía de Aristóteles.

En este texto Aristóteles nos dice que la "buena educación" consiste en aprender a "complacerse y dolerse como es debido" (final del primer párrafo). Está hablando de la educación moral, que, como sabemos, tiene como meta el logro de las virtudes o excelencias éticas. En el texto se deja claro que la verdadera ecuación moral no consiste en "la impasibilidad y la serenidad" absolutas, esto es, en la renuncia a todo placer, sino en aprender a gozar de los placeres debidos, "como es debido" y cuando es debido, como se sugiere al final del segundo párrafo. Al principio del texto pone como ejemplo de esto al "morigerado", es decir, al moderado –el que posee la virtud de la templanza. Este se aparta de ciertos placeres (los corporales) y, en cambio, al hacerlo obtiene placer y se complace en ello, pues la virtud es en sí misma placentera. Lo opuesto a una educación moral de las inclinaciones consiste, según da a entender el texto, en perseguir los placeres que no se deben, o en perseguir algunos placeres cuando no se debe o como no se debe y de modo contrario a lo que la razón aconseja.

En el segundo párrafo del texto hace alusión a los castigos que se suelen aplicar como "medicinas", lo que podemos tomar como una pista de cómo debe funcionar la educación moral: actuando de modo similar a las medicinas, esto es, "por medio de los contrarios". Así, cuando el deseo de placeres es excesivo, debe reequilibrarse por medio del dolor que causa el castigo, reduciendo así la intensidad del deseo desenfrenado. Algo así es lo que hacen las leyes al castigar las acciones contrarias a la virtud ética, jugando con ello un importante papel en la educación moral.

FE DE ERRATAS: En el libro de texto hay un error en la formulación de la pregunta 6, que en realidad está referida al mismo texto que la pregunta 4. Pedimos encarecidas disculpas. La formulación correcta de la pregunta es la siguiente:

6. Considera el mismo texto que en la pregunta 4. **Define y explica en ese texto los términos relacionados "***placer y dolor*" y "*política*"**,** apoyándote, tanto en el texto, como en tus conocimientos sobre la filosofía de Aristóteles.

En este texto, con los términos placer y dolor hace referencia Aristóteles a dos inclinaciones naturales del ser humano, presentes también en los animales. Se trata, por un lado, de la inclinación al placer, que nos lleva a actuar en busca de lo que consideramos agradable; y, por otro lado, de la inclinación a evitar el dolor, que nos lleva a actuar para huir de lo que consideramos desagradable y doloroso. El texto dice que el placer ("lo agradable") acompaña a todas las cosas que son para nosotros objeto de nuestras preferencias ("lo hermoso, lo conveniente y lo agradable"). Además se dice que estas dos inclinaciones están presentes en todos nosotros desde niños. Estas dos inclinaciones influyen poderosamente en nuestras acciones y elecciones –y en algunos individuos más que otros. Como dice el texto: "Regulamos nuestras acciones por el placer y el dolor". Si no elegimos bien los placeres que perseguimos y si rechazamos equivocadamente ciertos dolores o sacrificios, podemos echar a perder la virtud ética. De ahí, según Aristóteles, la importancia que tiene para adquirir las virtudes éticas y para se buenos, el aprender a "complacerse y contristarse" bien, es decir, aprender a gozar de la manera debida y por los placeres, así como aprender a afligirse o sufrir de la manera debida por las cosas que lo merecen realmente. Por ejemplo, el cobarde se complace en sus acciones cobardes, por lo que se complace mal; mientras que el valiente se aflige cuando actúa cobardemente, y se aflige bien.

Con esto último se relaciona la función que Aristóteles atribuye en el texto a la "política". Aristóteles identifica la política con la ciencia general de la felicidad, y, por tanto, incluiría a la Ética como una parte de ella. La función más importante de la política reside, por consiguiente, en propiciar la felicidad humana; y como las virtudes éticas son el medio más importante para alcanzarla, la política deberá educar en la virtud. Por eso, las leyes y las instituciones, y los sistemas de premios y de castigos que establecen, son instrumentos al servicio de la educación moral de los ciudadanos, que los motivan a perseverar en las acciones virtuosas y a repudiar el vicio. Es por eso que en el texto Aristóteles dice que la política debe prestar la máxima atención al placer y al dolor, y estudiar esas inclinaciones naturales para fomentar las acciones virtuosas y evitar el vicio, enseñando y habituando mediante las leyes, que premian las acciones virtuosas y castigan sus contrarias, qué placeres son los convenientes y cuáles no lo son para el logro de la excelencia y de la felicidad.

d) REDACCIONES (CUESTIÓN 3ª PAU)

7. "La buena educación moral"

Para elaborar esta redacción consultar antes los siguientes apartados:

- Capítulos 3 Y 9 del Libro II de la *Ética a Nicómaco*, y sus correspondientes guías de lectura.
- Apartado 6, titulado "La relación entre las excelencias del carácter y el placer: la educación de las inclinaciones" (página 57), en particular los epígrafes 6.2 y 6.3.
- Apartado 7, titulado "El modelo moral: el hombre virtuoso o excelente", pp.62-65

8. "La relación entre las virtudes éticas, por una parte, y placer y dolor por otra".

Para elaborar esta redacción consultar antes los siguientes apartados:

- Capítulos 3 Y 9 del Libro II de la *Ética a Nicómaco*, y sus correspondientes guías de lectura.
- Apartado 6, titulado "La relación entre las excelencias del carácter y el placer: la educación de las inclinaciones" (página 57 y siguientes).
- Apartado 7, titulado "El modelo moral: el hombre virtuoso o excelente", pp.62-65, en particular el epígrafe 7.1.

e) ACTIVIDADES DE RELACIONAR (CUESTIÓN 4ª PAU)

9. Diferencias entre Aristóteles y los filósofos cínicos en referencia a la actitud frente al placer y al dolor. Investiga cómo se entrenaban los cínicos para lograr ser insensibles al placer y al dolor. Por ejemplo, de esta web puedes seleccionar alguna información:

http://www.cinicos.com/cinicos.htm

Consultar igualmente el capítulo 3 del Libro II de la *Ética a Nicómaco*, y su guía de lectura.

10. Tres posiciones distintas frente al placer en la Academia platónica: La valoración moral del placer en tres discípulos de Platón: Euspesipo, Eudoxo y Aristóteles.

Aristóteles, Euspesipo y Eudoxo fueron los tres discípulos de Platón en la Academia y vivieron en la misma época. Llama la atención, sin embargo, la diferente valoración que cada uno de ellos hace del placer. Euspesipo, sobrino de Platón e inmediato sucesor suyo como director de la Academia, representa la corriente más ascética dentro del platonismo. Para Espeusipo ningún placer es un bien y apoya esta idea en que el placer es un proceso natural que conduce a un fin, por tanto, no es el fin y, por consiguiente no puede ser un bien. Además, el hombre moderado rehúye de los placeres, y el hombre prudente tampoco busca el placer, sino solo huir del dolor. Considera también que los placeres son un obstáculo para el pensamiento y que solo los niños y los animales persiguen el placer.

Aristóteles rechazó la posición radical de Euspesipo en torno al placer e intentó mostrar ejemplos para probar que el placer tiene que ser bueno, aunque también es cierto que puede conducir al vicio. Según Aristóteles, el placer acompaña a toda actividad natural que se desenvuelve sin obstáculos y la hace más fácil y la perfecciona. Para Aristóteles no hay duda alguna, en contra de Euspesipo, de que el placer es un bien y de que, si sabemos convertir nuestra inclinación natural al placer en aliada de la virtud, puede ser un medio para conseguir la felicidad.

Eudoxo fue otro discípulo de Platón, célebre matemático y astrónomo. Su posición frente al placer era justo la opuesta a la de Euspesipo. En efecto, para Eudoxo el placer es el bien supremo, pues todos los seres, tanto racionales como irracionales, aspiran a él, lo que prueba que el placer es el mayor bien y el bien absoluto. Aristóteles, aunque está algo más cerca de Eudoxo que de Euspesipo, rechaza también esta posición, pues, si bien acepta que el placer es un bien, no está de acuerdo con la idea de que sea el bien supremo, dado que el bien supremo es la felicidad, que consiste en un tipo de vida ligada a la actividad racional del alma, que ciertamente, va asociado al placer, pero no es él el que la convierte en el bien supremo.

ACTIVIDADES CAPÍTULO 4

a) ACTIVIDADES PARA UNA BUENA LECTURA

1. ¿LO DICE EL TEXTO? ¿VERDADERO O FALSO?: Lee atentamente este capítulo y contesta verdadero o falso. En caso de que contestes F, razona tu respuesta por escrito en tu cuaderno de clase, pero siempre apoyándote en el texto.

1. F....... Aristóteles está de acuerdo con la opinión de que aquel que practica la gramática es siempre gramático, y aquel que practica la música es siempre músico (y lo mismo con todas las demás artes y oficios)
2. F....... De la lectura de este capítulo podemos extraer la siguiente definición de hombre justo: aquel que realiza acciones justas.
3. V .... Actuar con conocimiento, elegir y deliberar por uno mismo, y actuar con firmeza y determinación son las tres condiciones que definen la manera del obrar del hombre justo y moderado.
4. F....... De las tres condiciones anteriores, las dos últimas solo se consiguen ejercitándose en acciones virtuosas, y la más importante de las tres es la primera.
5. F....... Al final del capítulo se ve claramente que Aristóteles está de acuerdo con la posición de su maestro Platón y de Sócrates, por lo que se refiere a la importancia del conocimiento para el logro de la virtud.

JUSTIFICACIÓN DE LAS RESPUESTAS FALSAS

Pregunta 1: El que practica la gramática puede hacerlo sin ser gramático, siguiendo las instrucciones de otro o imitándolo; o acertar por casualidad. Igual el músico.
Pregunta 2: Alguien que realice acciones justas, no necesariamente es justo, pues puede hacerlas por imposición, imitando a otro, por miedo a un castigo. El justo realiza acciones justas, pero de la manera como las realiza el hombre verdaderamente justo.
Pregunta 4: Es la menos importante de las tres.
Pregunta 5: El conocimiento tiene una importancia relativa, pero no tanta como Platón y Sócrates le atribuyeron. En el aprendizaje de la virtud ética, lo importante es la repetición de acciones que engendran hábitos y buenas disposiciones.

b) SÍNTESIS Y ESTRUCTURA DE UN TEXTO (CUESTIÓN 1ª PAU)

2. Lee el capítulo 4 entero. Sintetiza y explica las dos razones o argumentos en los que Aristóteles se apoya para rechazar la idea de que, lo mismo que pasa en las artes, el que se ejercita en la justicia o la templanza es ya justo o moderado ("*morigerado*").

1. El primer argumento lo encontramos en las primeras líneas del capítulo 4: básicamente consiste en negar la mayor, es decir, no es cierto que al que

practique la música, sin más, le llamemos músico, o que el que practica la gramática sea, sin más, verdaderamente gramático. Pues alguien que no tenga mucha idea, puede hacer sonar un instrumento musical por casualidad, o imitando a otro, o siguiendo al pie de la letra sus indicaciones; y en ninguno de esos casos diríamos que es músico. Lo mismo pasa con la virtud: No basta con hacer acciones virtuosas para ser virtuoso, pues uno puede hacerlas por casualidad, o siguiendo los consejos de otro, o imitándolo, o por miedo. Por consiguiente, practicar acciones virtuosas no equivale necesariamente a ser virtuoso.

2. En segundo lugar, Aristóteles aclara que, si nos fijamos bien, la comparación entre la virtud y las artes no sirve, pues hay una diferencia esencial: en efecto, a la hora de juzgar o valorar el producto resultante de un arte u oficio, lo que cuenta es solo que el producto fabricado reúna "ciertas condiciones", o sea, que esté bien hecho. Pero cuando hablamos de acciones verdaderamente virtuosas no solo cuentan las acciones mismas, sino que importa también la actitud del agente que la realiza y la manera como la acción se ha realizado (1105 b). Una acción verdaderamente virtuosa debe cumplir tres condiciones: la primera, que haya sido hecha con conocimiento y con consciencia; la segunda, que haya sido realmente elegida por uno mismo y por propia voluntad, tras reflexionar sobre diversas opciones y valorarlas; y la tercera, que se haya hecho sin dudar ni titubear, con firmeza y determinación. Estas tres condiciones son importantísimas a la hora de juzgar si una acción es o no verdaderamente virtuosa, mientras que solo la primera de ellas –el conocimiento- cuenta en las artes.

Estos dos argumentos sirven para reforzar la idea de que no es verdad que, como supuestamente pasa en las artes, el que realiza acciones justas o moderadas, es ya justo o moderado.

3. Reconstruye paso a paso la argumentación del texto que lleva a Aristóteles a concluir, casi al final del capítulo, que "*con razón se dice, pues, que realizando acciones justas se hace uno justo, y con acciones morigeradas, morigerado*"

1. El punto de partida de la argumentación de Aristóteles es que para que una acción sea verdaderamente virtuosa son necesarias tres condiciones: a) que el agente las haga con conocimiento b) que sean elegidas, y elegidas por sí mismas c) que se realicen con una actitud "firme e inconmovible"

2. Las más importantes para la virtud son las dos últimas y la primera apenas cuenta.

3. Ahora bien, esas dos condiciones (que se elijan por sí mismas y se realicen con una actitud firme e inconmovible) surgen por habituación, es decir, se dan tras repetir infinidad de veces acciones virtuosas, acciones justas y morigeradas. Entonces uno adquiere el hábito de elegir bien y de actuar con firmeza y determinación.

4. De ahí concluye Aristóteles que, repitiendo acciones justas se hace uno justo, y repitiendo acciones morigeradas, se hace uno morigerado o moderado. A partir de aquí, las acciones justas y morigeradas fluyen de modo espontáneo, y se cumplen las dos condiciones relevantes.

c) DEFINICIÓN Y EXPLICACIÓN DE TÉRMINOS (CUESTIÓN 2ª PAU)

4. Explica y define los términos relacionados "artes" y "virtudes", de acuerdo con el uso que Aristóteles hace de ellos en este capítulo y completando tu explicación con tus conocimientos, ya fuera del texto.

En este texto Aristóteles utiliza el término "artes" para referirse a ciertos saberes que tienen como meta la producción o fabricación de algo. Al principio del texto cita como ejemplos de artes a la música y a la gramática. Otros ejemplos de artes son, como sabemos, la medicina, la arquitectura o la escultura. En el texto, Aristóteles establece una comparación entre las artes y las virtudes éticas, al hilo de la cual afloran ciertas semejanzas y también algunas diferencias entre ambas. Entre las semejanzas señala Aristóteles en el texto que, lo mismo que no basta con realizar acciones virtuosas para ser considerado por todos como un hombre virtuoso, no basta con practicar un arte para ser considerado un experto en ella; por ejemplo, no basta con practicar la música para poder ser llamado músico, pues uno puede hacer sonar un instrumento por casualidad o siguiendo siempre las instrucciones de otro, pero sin saber, y no por ello es llamado músico. Con las virtudes éticas, que son hábitos y excelencias del carácter, ocurre algo semejante: uno puede realizar acciones virtuosas por imposición o imitando, sin más, a otro, sin ser realmente virtuoso.

Por otra parte, el texto señala una diferencia importante entre las artes y las virtudes éticas, a saber: "los productos de las artes tienen en sí mismos su bien", es decir, a la hora de valorar el producto de un arte u oficio, lo único que cuenta es el producto mismo, esto es, que cumpla ciertas condiciones de calidad. Pero, en cambio, a la hora de valorar si una acción es realmente virtuosa, no solo cuenta la acción misma, sino también la actitud del agente que la ha realizado, a saber: si se ha pensado o no (si se hacen "con conocimiento"), si han sido libremente elegidas y elegidas por ellas mismas, y si se las ha hace con una actitud "firme e inconmovible". Una acción aparentemente justa, solo es justa realmente si se dan estas tres condiciones. En cambio, un objeto fabricado es elogiado, simplemente si está bien hecho, con independencia de cómo se haya hecho. En las artes, la única de esas tres condiciones que cuenta es el conocimiento, pero esta es, según dice el texto, la menos importante de las tres para la virtud ética.

5. Explica y define la expresión "hombre justo", de acuerdo con el uso que Aristóteles hace de ella en este capítulo y completando tu explicación con tus conocimientos sobre la filosofía de Aristóteles.

Según se desprende de las primeras líneas del texto, el "hombre justo" se hace justo practicando la justicia, esto es, repitiendo acciones justas hasta adquirir el hábito de la justicia. Sin embargo –dice el texto- que no basta con practicar la justicia para ser considerado un "hombre justo", pues, lo mismo que pasa con las artes, el mero hecho de hacer sonar bien un instrumento no hace de alguien músico, dado que podría hacer esto por casualidad o siguiendo siempre las indicaciones de otro, pero sin tener verdadero conocimiento de música. Análogamente, uno puede realizar acciones justas por imposición o imitando las acciones de un hombre verdaderamente justo; en esos casos no estamos realmente ante lo que Aristóteles entiende por hombre justo.

A partir de la información que encontramos en la línea 13 y siguientes, podemos clarificar algo más la noción de "hombre justo", partiendo de las consideraciones que Aristóteles hace aquí sobre las virtudes éticas en comparación con las artes. En efecto, las acciones verdaderamente justas, las propias del hombre justo, son aquellas que, además de ser justas, han sido realizadas con una cierta actitud por parte del agente, de modo que han sido hechas con conocimiento, han sido elegidas y no impuestas y además han sido elegidas por sí mismas, tras examinarlas y considerarlas como las más adecuadas y convenientes; por último, han sido realizadas "en una actitud firme e inconmovible", como dice el texto. Por lo tanto, no cualquier acción justa procede necesariamente de un hombre justo. De modo que el hombre justo no se define, sin más, como el que hace acciones justas, sino como aquel que hace acciones justas como las hacen los hombres verdaderamente justos –y que todos reconocen como tal- es decir, cumpliendo las tres condiciones mencionadas, que definen la actitud propia del hombre verdaderamente justo. Se desprende de esto que para ser justo se requiere una buena capacidad de elección y de deliberación, esto es, se requiere la prudencia o inteligencia práctica, excelencia que permite elegir por uno mismo lo más conveniente y adecuado, conforme a las circunstancias concretas. El hombre justo, y en general el hombre virtuoso, son inseparables del hombre prudente, del experto en las cosas del vivir.

d) REDACCIONES (CUESTIÓN 3ª PAU)

6. "Hombre virtuoso y acciones virtuosas"

Para elaborar esta redacción resultará necesario consultar antes los siguientes apartados:

- Capítulo 4 del Libro II de la *Ética a Nicómaco*, y su guía de lectura.
- Apartado 3.3 completo, titulado "La relación entre las virtudes éticas y las virtudes dianoéticas: la inteligencia práctica y las virtudes éticas" (página 40 y siguientes).
- Apartado 4 completo, titulado "Acción, hábito, carácter"(página 48 y siguientes)
- Apartado 7, titulado "El modelo moral: el hombre virtuoso o excelente", pp.62-65

7. "Virtud y artes"

Para elaborar esta redacción resultará necesario consultar antes los siguientes apartados:

- Apartado 3.2.2. completo, titulado "Las virtudes éticas o excelencias del carácter" (página 38)
- Buscar las referencias a la comparación –semejanzas y diferencias- entre las virtudes éticas y las artes (el arte del pilotaje, de la medicina, la música, la gramática, etc...) en los capítulos 1, 2 y 4 del Libro II de la *Ética a Nicómaco*, y sus correspondientes guías de lectura.
- Concepto de arte o saber técnico en la página 37.

8. "Conocimiento y excelencia ética (virtud)"

Para elaborar esta redacción resultará necesario consultar antes los siguientes apartados:

- Apartado 3 completo, (página 34 y siguientes)titulado "Las excelencias del carácter o virtudes éticas y su relación con las virtudes dianoéticas", en particular el subapartado 3.3 (página 40 y siguientes)
- Apartado 1, titulado "La finalidad práctica de la Ética a Nicómaco", particularmente los subapartados 1.2, 1.3 y 1.4, a partir de la página 17 y siguientes.
- Capítulos 4 y 6 del Libro II de la *Ética a Nicómaco*, y sus correspondientes guías de lectura.

e) ACTIVIDADES DE RELACIONAR (CUESTIÓN 4ª PAU)

9. La crítica de Aristóteles al intelectualismo moral de Sócrates y Platón

Para responder a esta pregunta, consultar:

- Apartado 4.3 del libro, titulado "El carácter y la responsabilidad moral. Crítica a Sócrates", páginas 50-51. .
- Final del capítulo 4 del Libro II de la *Ética a Nicómaco* y su guía de lectura.

ACTIVIDADES CAPÍTULO 5

a) ACTIVIDADES PARA UNA BUENA LECTURA

1. USA EL DICCIONARIO: Ayúdate del diccionario para definir las siguientes palabras o expresiones que aparecen en este capítulo: "afectos", "ira", "apetencia", "lacio-a", "airarse", "disposición", "facultad", "pasión".

2. ¿LO DICE EL TEXTO? ¿VERDADERO O FALSO?: Lee atentamente este capítulo y contesta verdadero o falso. En caso de que contestes F, razona tu respuesta por escrito en tu cuaderno de clase, pero siempre apoyándote en el texto.

1. F ..... Según se dice al comienzo del capítulo 5, las cosas que se dan en el alma pueden ser de tres clases: pasiones, facultades y emociones.
2. F ..... De las tres, la virtud y el vicio pertenecen a las pasiones.
3. V ..... Las pasiones son una clase de afectos; las facultades, capacidades para experimentar pasiones; y los hábitos, disposiciones a obrar bien o mal en relación a las pasiones.
4. V ..... No solo el amor es un "afecto"; también lo son la alegría, el odio, la ira, el miedo, la envidia o los celos.
5. F ..... El texto da a entender que de las 3 afecciones del alma (pasiones, facultades y hábitos) solo se nos elogia o censura por nuestras facultades.
6. F ..... Según se desprende del segundo párrafo del capítulo 5, el hombre virtuoso o de buen carácter no se enfada nunca, pues él es el primer perjudicado.
7. V ..... Al final del segundo párrafo se dice también que los hábitos se diferencian de las pasiones en que éstas son el motor (los motivos) de nuestras acciones –nos mueven a actuar-, mientras que las virtudes son solo disposiciones o tendencias (nos predisponen a actuar en una determinada dirección)
8. F ..... En el último párrafo se dice que los hábitos se diferencian de las facultades en que los primeros son naturales, mientras que las segundas son adquiridas, aprendidas.

JUSTIFICACIÓN DE LAS RESPUESTAS FALSAS

Pregunta 1: pasiones, facultades y HÁBITOS!!
Pregunta 2: A los hábitos.
Pregunta 5: Por nuestros hábitos, ya sean virtudes o vicios.
Pregunta 6: Se enfada, pero cuando es debido, por el motivo debido, con quien es debido, con la intensidad justa y de la manera debida, a diferencia del irascible y del incapaz de ira.
Pregunta 8: Justo al revés.

3. LOCALIZA, SUBRAYA Y RELACIONA: Localiza y subraya en el texto las expresiones del Capítulo 5 que aparecen a la izquierda de la siguiente tabla y relaciónalas con las que aparecen en la columna de la derecha, colocando el número correspondiente sobre los espacios con puntos. Atención: cada término de la columna de la izquierda se relaciona al menos con 3 de la columna de la derecha.

SOLUCIÓN: A1, A4, A5, A11; B2, B8, B10; C3, C4, C6, C7, C9

CAPÍTULO 5	
..... PASIONES	1. Afectos
	2. Son naturales, nacemos con ello
	3. Causa de elogio y de censura
	4. Placer y dolor
..... FACULTADES	5. Miedo, deseos, ira, atrevimiento
	6. Generosidad, valentía, temeridad, tacañería
	7. Se eligen
..... HÁBITOS (VIRTUDES Y VICIOS)	8. Capacidades
	9. disposiciones
	10. Poder experimentar ira o deseo
	11. Motivos (o motores) de las acciones.

b) SÍNTESIS Y ESTRUCTURA DE UN TEXTO (CUESTIÓN 1ª PAU)

4. Haz una síntesis del texto formado por los dos últimos párrafos del capítulo 5. En tu síntesis debes de reflejar la estructura argumentativa o expositiva del texto. Ten en cuenta la estructura típicamente conclusiva de este texto, en el que la tesis aparece al final, como consecuencia y culminación de la argumentación que le precede.

El tema de este texto es la naturaleza de la virtud ética o, si se quiere, qué es genéricamente la virtud. Se trata de un texto típicamente argumentativo con una estructura claramente conclusiva (la tesis está al final del texto y se presenta como conclusión o consecuencia de una previa argumentación). En concreto, la tesis que defiende Aristóteles es que las virtudes son una clase de hábitos (final del texto). Para llegar a esta conclusión Aristóteles procede por eliminación, y argumenta de la siguiente manera:

1. Ni las virtudes ni los vicios son pasiones (primer párrafo del texto). Aristóteles ofrece tres razones a favor de esta idea: La primera es que no se nos llama buenos o malos por nuestras pasiones ni se nos elogia o censura por ellas, y, en cambio, se nos elogia o censura por nuestras virtudes y vicios. La segunda razón es que no elegimos las pasiones, sino que nos asaltan, mientras que las virtudes implican una elección. La tercera razón es que las pasiones nos mueven a actuar (son motivos), mientras que las virtudes son disposiciones, no son motivos o motores de la acción.

2. En el tercer párrafo descarta igualmente que las virtudes sean facultades y se apoya en dos argumentos: El primero es similar al ya mencionado antes: no se nos llama buenos o malos por nuestras facultades ni se nos elogia o censura por ellas. El segundo es que las facultades se tienen por naturaleza, mientras que las virtudes y los vicios no (pues se adquieren mediante la repetición de acciones).

3. Descartadas, pues, las dos anteriores posibilidades, tan sólo queda la tercera opción, de modo que en las últimas líneas del capítulo CONCLUYE –por eliminación- que las virtudes son, en general, cierta clase de hábitos: "*Por tanto, si las virtudes no son ni pasiones ni facultades, solo queda que sean hábitos*"

c) DEFINICIÓN Y EXPLICACIÓN DE TÉRMINOS (CUESTIÓN 2ª PAU)

5. Explica y define los términos relacionados "pasiones" y "virtudes", de acuerdo con el uso que Aristóteles hace de ellos en este capítulo y completando tu explicación con tus conocimientos, ya fuera del texto.

En este texto, Aristóteles considera las pasiones como una de las tres cosas que "pasan en el alma", es decir, como una clase de afecciones del alma, junto con las facultades y los hábitos. En la línea 4 pone como ejemplos la apetencia, la ira, el miedo, el atrevimiento, la envidia, la alegría, el amor, el odio, el deseo, los celos, la compasión, etc... El texto define las pasiones como aquellos "afectos que van acompañados de placer o dolor". Como se sabe, las pasiones son para Aristóteles afectos naturales que nacen de la parte apetitiva del alma irracional como reacción a distintas situaciones en las que los seres humanos interactúan entre sí en el contexto social.

En este texto, cuando Aristóteles habla de virtudes (*aretai*), se está refiriendo a las virtudes éticas o excelencias de la parte apetitiva del alma irracional, fuente de las pasiones. Aunque esta parte del alma es irracional, puede dejarse controlar por la razón, y cuando eso sucede habitualmente en relación a una determinada pasión o afecto, hablamos de virtud ética. Por virtud ética entiende Aristóteles el hábito de elegir el término medio, relativo a nosotros, en las pasiones y acciones, de acuerdo con lo que, en cada situación, determina **la razón** (la inteligencia práctica o la recta razón) y evitando, tanto el exceso como el defecto en las pasiones y acciones.

El texto deja bien claro cuál es naturaleza genérica de la virtud ética: las virtudes no son ni pasiones ni facultades, sino hábitos, y define los hábitos como "aquello en virtud de lo cual nos comportamos bien o mal respecto de las pasiones" (primer párrafo del texto). Si nos comportamos bien, hablamos de virtud; si lo hacemos mal, de vicios. Por tanto, las virtudes éticas se refieren a las pasiones, pero no son pasiones. De hecho, en el segundo párrafo del texto se establecen las diferencias entre virtudes y pasiones:

1. Se nos llama buenos o malos, no por las pasiones, sino por nuestras virtudes y vicios

2. Se nos elogia o censura, tampoco por nuestras pasiones, sino por nuestras virtudes y vicios.
3. Mientras que uno no elige experimentar una pasión, en cambio, la virtud ética implica elección, pues, como se sabe, se adquiere mediante la repetición de acciones virtuosas y mediante el ejercicio de la prudencia, lo cual implica deliberación y elección.
4. Por último, las pasiones "nos mueven" a la acción, es decir, son motores de la acción, mientras que las virtudes son simples "disposiciones" a actuar en una cierta dirección (la de lo bueno y lo conveniente), pero no se puede decir de ellas que nos mueven.

d) REDACCIONES (CUESTIÓN 3ª PAU)

6. "Pasiones, acciones, virtudes y vicios, y carácter".

Para elaborar esta redacción resultará necesario consultar antes los siguientes apartados:

- Capítulos 1, 2, 5, y 6 del Libro II de la *Ética a Nicómaco*, y sus correspondientes guías de lectura.
- Del apartado 3 ("Las excelencias del carácter o virtudes éticas y su relación con las virtudes dianoéticas"), los subapartados 3.1 y 3.2.2.
- Apartado 4 completo, titulado "Acción, hábito, carácter"(página 48 y siguientes)
- También es posible consultar, del apartado 5 ("Las excelencias del carácter como términos medios"), los subapartados 5.1. 5.2 y 5.3

7. "El papel de las pasiones y de las virtudes éticas en la conducta humana"

Para elaborar esta redacción resultará necesario consultar antes los siguientes apartados:

- Capítulo 5 del Libro II de la *Ética a Nicómaco*, y su guía de lectura.
- Del apartado 3 ("Las excelencias del carácter o virtudes éticas y su relación con las virtudes dianoéticas"), los subapartados 3.1 y 3.2.2.
- Apartado 5 ("Las excelencias del carácter como términos medios"), los subapartados 5.1. 5.2 y 5.3
- Pueden consultarse también los siguientes enlaces de internet:
  http://nodulo.org/ec/2009/n086p03.htm
  http://www.e-torredebabel.com/Historia-de-la-filosofia/Filosofiagriega/Aristoteles/Virtud.htm
  http://www.filosofia.mx/index.php?/forolibre/archivos/sobre_las_pasiones

e) ACTIVIDADES DE RELACIONAR (CUESTIÓN 4ª PAU)

8. ¿Qué hacer con las pasiones? Dos puntos de vista: Aristóteles y el estoicismo.

La posición de Aristóteles en torno a esta cuestión está explicada en el Capítulo 6 del Libro II de la *Ética a Nicómaco* y en su guía de lectura. Hay también referencias a este tema en el apartado 5, particularmente en el subapartado 5.1, titulado "Las pasiones del alma" (página 52).

Para obtener información sobre el estoicismo y su actitud frente a las pasiones, se pueden consultar, entre otros, los siguientes enlaces:

http://es.wikipedia.org/wiki/Estoicismo
http://www.scielo.org.co/pdf/ef/n34/n34a10.pdf

9. Actualización del pensamiento de Aristóteles: ¿Cómo debería regular sus pasiones un joven aristotélico del siglo XXI? (En dos o tres circunstancias imaginables)

Son clásicos aquellos autores cuyo pensamiento, a pesar del paso de los siglos, perdura de alguna manera y mantiene cierta vigencia en nuestros días. Así ocurre con muchas ideas de la ética aristotélica, y en particular con la regla del término medio. La sentencia "En el término medio reside la virtud" es plenamente actual y usada con frecuencia en nuestros días, aún cuando muchos desconocen sus raíces aristotélicas. Para un joven del siglo XXI que se rigiera por esta norma, implicaría un alto grado de conocimiento de sí mismo y la regulación racional de sus pasiones y acciones en cada circunstancia o situación. Por ejemplo ¿Cómo actuaría un joven aristotélico que sale de fiesta a divertirse un sábado por la noche? La pasión principal en esta situación sería el deseo de placeres y de diversión. Aplicar sobre esta pasión la regla del término medio implicaría usar la inteligencia práctica, que se alimenta de la experiencia y de las vivencias pasadas. Un joven aristotélico usaría su inteligencia práctica para calibrar el término medio, lo que no implicaría necesariamente renunciar al placer y a la diversión. Así, intentaría divertirse y gozar, pero calibrando las consecuencias de sus actos, de la manera debida y con la intensidad debida: ¿Bebería? Depende de las circunstancias. Según fueran las circunstancias, podría permitirse beber, siempre y cuando fuera con moderación, dando con el justo medio y razonable, y evitando, sobre todo, el exceso. Si conduce o si padece alguna enfermedad, indudablemente, el término medio adaptado a esas circunstancias le llevaría a rechazar por completo la bebida. La repetición de este tipo de acciones, ajustadas a las circunstancias y a lo conveniente, le llevaría a consolidar la excelencia de la moderación o templanza, que se integraría en su modo de ser o carácter.

ACTIVIDADES CAPÍTULO 6

a) ACTIVIDADES PARA UNA BUENA LECTURA

1. ¿LO DICE EL TEXTO? ¿VERDADERO O FALSO?: Lee atentamente este capítulo y contesta verdadero o falso. En caso de que contestes F, razona tu respuesta por escrito en tu cuaderno de clase, pero siempre apoyándote en el texto.

1. V ..... Según dice Aristóteles en las primeras líneas del capítulo 6, la virtud o excelencia de cualquier cosa, persona o animal, tiene que ver con el buen cumplimiento de su función.
2. F ..... En el capítulo 6 aparece un único sentido de la expresión "término medio".
3. V ..... Según se desprende de la lectura del primer párrafo, cuando alguien, por ejemplo, se encoleriza cuando no debe, o más de lo que requiere la situación, o por una causa no justificada, o con la persona indebida... no está actuando conforme al término medio.
4. V ..... Cuando no sentimos miedo en una situación en la que estaría justificado sentirlo, incurrimos en un vicio por defecto.
5. V ..... Según se dice al principio del segundo párrafo, la virtud ética consiste en el hábito o costumbre de elegir siempre el término medio relativo a cada uno.
6. F ..... En el último párrafo del capítulo Aristóteles insiste en que hay un término medio para todas y cada una de las pasiones.
7. F ..... En ese mismo párrafo aclara que el término medio en el adulterio consistiría en cometerlo con la mujer debida, cuando es debido y como es debido.
8. F ..... Hacia el final de ese párrafo es cuando viene a decir que hay término medio, exceso y defecto también para los vicios.
9. V ..... Y añade también a continuación que no hay exceso ni defecto de las virtudes éticas

JUSTIFICACIÓN DE LAS RESPUESTAS FALSAS

Pregunta 2: Aparecen dos sentidos del término medio, no uno: el término medio relativo a la cosa (matemático) y el término medio relativo a nosotros.
Pregunta 6: El adulterio, por ejemplo, no tiene término medio.
Pregunta 7: Eso sería absurdo y ridículo. Esas cosas no admiten término medio y están siempre mal.
Pregunta 8: Dice justo lo contrario, que no lo hay (y tampoco lo hay para la virtud ética)

b) SÍNTESIS Y ESTRUCTURA DE UN TEXTO (CUESTIÓN 1ª PAU)

2. Lee el texto que va desde el comienzo del capítulo 6 hasta las primeras líneas de 1106b (hasta "*...de la carrera y de la lucha*"). Realiza la síntesis de este texto reflejando en ella la estructura argumentativa o expositiva.

En el capítulo 6, al cual pertenece este fragmento, Aristóteles profundiza aún más en la naturaleza de la virtud o excelencia ética. Este fragmento combina argumentación y exposición. En el texto podemos distinguir las siguientes partes:

1. La primera parte del texto va desde el principio hasta la línea 11. En este párrafo Aristóteles profundiza acerca de qué es la virtud. Las principales ideas que aquí se enuncian son las siguientes:

- La virtud ética es una cierta clase de hábito (tal y como quedó establecido en el capítulo anterior)
- En sentido muy general, aplicable a todo aquello que cumple una función, la virtud o excelencia (*areté*) de cualquier cosa hace que cumpla bien su función, la perfecciona y la hace buena (pone los ejemplos de la excelencia del ojo y del caballo).
- Aristóteles aplica esta idea general al caso particular del ser humano y DEDUCE que la virtud o excelencia humana, esto es, la virtud ética, consistirá en un hábito –como se dijo al principio-, que hace que el ser humano cumpla bien su función de humano y en eso consiste hacerlo bueno.

2. La segunda parte del texto va desde la línea 11 hasta el final, y es más bien expositiva, con el fin de ir preparando la definición de virtud ética que expondrá más adelante, ya fuera de este texto. Aristóteles explica aquí qué es el término medio de algo y distingue entre término medio objetivamente hablando y término medio para nosotros. Son 4 las principales ideas que se exponen en esta parte:

1. Podemos hablar de término medio en cualquier cosa o magnitud que sea continua y divisible; e igualmente podemos hablar de exceso y de defecto (el "más" y el "menos")
2. Hay que distinguir, sin embargo, entre el término medio de la cosa misma y el término medio relativo a nosotros.
3. El término medio de la cosa es el término medio objetivamente hablando, es decir, según la proporción matemática exacta (pone el ejemplo del 6, término medio matemático entre el 2 y el 6).
4. El término medio relativo a nosotros es distinto, y hay que adaptarlo a cada individuo y sus circunstancias individuales (pone el ejemplo de la comida en el atleta Milón y en el gimnasta principiante)

3. Lee el texto que va desde "*Así pues, todo conocedor rehúye...*" (1106b) hasta "*el punto de vista de lo mejor y del bien, un extremo*" (1107a). Realiza la síntesis del texto reflejando en ella su estructura argumentativa o expositiva.

FE DE ERRATAS: en el libro de texto, en el enunciado de esta pregunta dice hasta (1107b), cuando debería decir hasta (1107a). Pedimos nuevamente disculpas.

El tema de este texto es la virtud ética y su estructura es principalmente argumentativa, concluyendo, casi al final con una definición completa y razonada de la virtud ética.

Idea principal: La idea principal del texto es justamente la definición de virtud, que encontramos, a modo de conclusión, al principio de 1107 a: La virtud ética es un hábito selectivo que consiste en un término medio relativo a nosotros, determinado por la razón y por aquella por la cual decidiría el hombre prudente. Podemos considerar esta definición como la tesis del texto, pues se expone como conclusión de una argumentación escalonada precedente que lleva finalmente a una conclusión.

Otras ideas en las que se apoya la idea principal son las siguientes:

1. Las artes y el conocimiento tienden al término medio relativo a nosotros, huyendo del exceso. Por eso los artistas buscan siempre en sus obras el término medio, que identifican con la perfección.

2. De la comparación de la virtud con las artes, se sigue que también la virtud tiende al término medio. La razón que se da de esto es que la virtud es más exacta y mejor que cualquier arte, luego, con más razón debe tender a la perfección, que es el término medio.

2. El término medio en la virtud está referido a las pasiones y acciones. En ellas también es posible el exceso y el defecto, y ninguno de los dos está bien ni es perfecto.

3. El término medio en las pasiones y en las acciones parece consistir en actuar -en relación a una pasión a acción- cuando es debido, por un motivo debido y de la manera debida.

4. El término medio es siempre elogiado y acierta; mientras que el exceso y el defecto, yerran (y no son elogiados)

5. Solo hay una manera de acertar en lo que se refiere a la acción: el término medio; en cambio, se puede errar de muchas maneras mediante el vicio: por exceso o por defecto

6. De lo anterior parece seguirse que la virtud es el término medio entre dos vicios: uno por exceso y otro por defecto en una pasión o acción.

Como conclusión de todo lo anterior, al final se enuncia la definición de virtud que hemos expuesto arriba, aunque dicha definición incorpora otros conceptos como el de "hábito selectivo", "razón" y "hombre prudente", que, propiamente, no aparecen en la argumentación que la precede.

Por último, el texto recoge también otra idea acerca de la virtud ética: Desde otro punto de vista (el de lo mejor) la virtud, sin embargo, no es un término medio, sino un extremo: el del bien o el de lo mejor (el otro extremo sería el del mal, y el término medio, la mediocridad sin excelencia)

4. Lee el último párrafo del capítulo 6: Explica igualmente el razonamiento mediante el cual Aristóteles dice que "*absurdo es creer que en la injusticia, la cobardía y el desenfreno hay término medio, exceso y defecto*"

A partir de la línea 23 de este texto, Aristóteles intenta prevenirnos para no caer en el error de pensar que existe un término medio, un defecto y un exceso para los vicios, y por eso dice que no hay término medio, ni exceso ni defecto para la injusticia, la cobardía o el desenfreno. En realidad son dos los argumentos o razonamientos que nuestro autor esgrime en defensa de esta tesis:

El primer razonamiento es el siguiente: Como los vicios son ya defectos o excesos (en las pasiones o en las acciones), suponer que admiten el término medio, el exceso y el defecto, implicaría aceptar que hay: a) un término medio del vicio, o sea, un término del exceso o del defecto, según sea el vicio b) un exceso del vicio por exceso y c) un defecto del vicio por defecto. Pero, según Aristóteles estas cosas son completamente "absurdas" y no tienen sentido. Actuemos como actuemos, al elegir el vicio nos equivocaremos siempre.

El segundo argumento es el siguiente: tampoco las virtudes admiten un exceso y un defecto (Recordemos que lo que admite el exceso, el defecto y el término medio son las pasiones y acciones), pues ¿qué sería un exceso de valentía sin dejar de ser valientes? ¿O un defecto de valentía sin dejar de ser valientes? No..., estas cosas serían absurdas. Incluso en otro sentido, la virtud ética no es un término medio, sino un extremo (el del bien), como nos recuerda Aristóteles en el texto. De modo que, en este sentido, no hay término medio, ni exceso ni defecto, en la valentía misma, *sino en el miedo*, que es una pasión; y el término medio en el miedo es la valentía. Concluye Aristóteles que si no hay término medio, ni exceso ni defecto en las virtudes mismas, tampoco lo hay en los vicios.

c) DEFINICIÓN Y EXPLICACIÓN DE TÉRMINOS (CUESTIÓN 2ª PAU)

5. En el mismo texto que el de la pregunta 2, explica y define los términos relacionados "*bueno*" y "*virtud del hombre*", de acuerdo con el uso que Aristóteles hace de ellos en este capítulo y completando tu explicación con tus conocimientos, ya fuera del texto.

En este texto, concretamente en el primer párrafo, el término "bueno" tiene un significado general muy preciso, ligado a la función de algo en general. En efecto, de los ejemplos que expone –el del ojo y el del caballo- se desprende que "bueno" es un adjetivo que se predica de aquello que cumple bien la función que tiene asignada. Por otra parte, el término "bueno" aparece íntimamente asociado con el de "virtud o excelencia": como se indica en las líneas 3-8. Lo que hace que algo sea bueno en el ejercicio de su función es justamente su *areté*, su excelencia o virtud. Los griegos aplicaban este término al buen desempeño de la función de algo y Aristóteles lo usa aquí exactamente en ese mismo sentido. Aplicado al caso del ser humano, ser bueno significa igualmente ejercer bien la función de hombre, lo cual requiere de excelencia o virtud (líneas 10-11). Recordemos que, según Aristóteles, el hombre, al igual que cualquier otro ser de la naturaleza, tiene una función natural propia, y esta es, en el caso del ser humano, el ejercicio de la racionalidad, que puede ejercerse bien (con excelencia) o mal. Aristóteles habla de la *areté* o de las *aretai* (excelencias, virtudes) humanas para referirse al ejercicio de dicha función, realizada bien y con excelencia.

Así pues, el término "virtud del hombre", está, como hemos dicho, íntimamente asociado del término "bueno" aplicado al ser humano. La virtud del hombre no es, ni más ni menos, que la excelencia del individuo humano en el ejercicio de su función natural propia. "Hombre bueno" y "hombre virtuoso" son expresiones enteramente sinónimas: Es bueno y virtuoso (excelente) el individuo que ejerce bien su función natural de hombre, esto es, el que vive racionalmente y ejercita bien y con excelencia el don natural de la racionalidad, tanto en el ámbito práctico como en el del conocimiento teórico.

6. Formando equipos, clasificad las siguientes expresiones que aparecen en el capítulo 6, colocándolas en la columna que corresponda de la tabla, según le convengan al término "VIRTUD" o al término "VICIO". Ten en cuenta que de la lista de expresiones siguiente, tres de ellas convienen a ambos términos y una de ellas no conviene a ninguno*: "el más", "injusticia", "termino medio relativo a nosotros", "hábito", "acciones y pasiones", "cuando es debido", "el menos", "exceso", "cobardía", "excelencia", "hace bueno al hombre", "de la manera debida", "el término medio según la proporción aritmética"* (o *"término medio de la cosa"), "no admiten exceso ni defecto", "yerra"*, como *"el hombre prudente", "acierta", "defecto", "razón", "desenfreno".*

CAPÍTULO 6	
VIRTUD (*ARETÉ*)	VICIO
- término medio relativo a nosotros - hábito - acciones y pasiones - cuando es debido - excelencia - hace bueno al hombre - de la manera debida - no admiten exceso ni defecto - como el hombre prudente - acierta - razón	**- el más - injusticia - hábito - acciones y pasiones - el menos - exceso - cobardía - no admiten exceso ni defecto - yerra - defecto - desenfreno**

7. En el mismo texto que en la pregunta 4, define y explica los términos relacionados "*vicio*" y "*virtud*", de acuerdo con el uso que Aristóteles hace de

ellos en este capítulo y completando tu explicación con tus conocimientos, ya fuera del texto. Apóyate también en la actividad 6.

En este texto, concretamente al principio de 1107a, Aristóteles ofrece una definición completa de la "virtud" ética, según la cual la virtud es "un hábito selectivo que consiste en un término medio relativo a nosotros, determinado por la razón, y por aquella por la cual decidiría el hombre prudente". La razón a la que aquí se refiere es la propia del hombre prudente, esto es, la inteligencia práctica (*frónesis),* que calcula con acierto y excelencia qué es lo bueno y lo más conveniente para cada uno en cada situación concreta. Por otra parte, según esta definición, la virtud es un hábito selectivo porque, como sabemos, se adquiere por medio de la costumbre y de la repetición reiterada de acciones, lo que genera una cierta disposición a elegir lo mejor y lo más conveniente –de ahí lo de "hábito *selectivo*". Ahora bien, lo bueno y lo más conveniente es siempre el término medio en el sentir y actuar; pero estamos hablando siempre del término medio "relativo a nosotros", esto es, ajustado a cada situación concreta en la que actuamos y a cada individuo particular.

Por otra parte, el texto insiste en que el término medio, en el caso de la virtud hace referencia a acciones y pasiones. Como ejemplo de estas últimas menciona en las líneas 15-17 "el temor", "el atrevimiento", "la apetencia", "la ira", etc... Así, el término medio relativo a nosotros (la virtud), consistirá en actuar -en relación a una pasión o acción-, "cuando es debido", por el motivo debido, y "de la manera que se debe", como se dice en las líneas 18-20.

Lo contrario a la virtud es el vicio, que, según el texto, se identifica con el exceso o el defecto en una pasión o acción, de modo que el término medio en la virtud lo es entre dos vicios, uno por exceso y otro por defecto. El texto dice, además, que mientras que las virtudes son elogiadas por todos y aciertan, los vicios son reprobados y yerran, pues nos alejan de la perfección y excelencia humana, ya que la perfección está en el término medio. Si la virtud supone el control racional y la media en las pasiones, el vicio supone la ausencia de control racional y de medida en las pasiones.

Por último, al final del texto se indica que, desde otro punto de vista diferente, la virtud ética es un extremo: el extremo del bien y de lo mejor. En este sentido, cabe decir que el vicio sería el otro extremo: el de lo malo y lo peor. En el medio, esto es, en el término medio estaría la mediocridad, más o menos equidistante tanto del bien (la virtud) como del mal (el vicio).

d) REDACCIONES (CUESTIÓN 3ª PAU)

8. "El papel de la razón en el gobierno de las pasiones y las acciones"

Para elaborar esta redacción resultará necesario consultar antes los siguientes apartados:

- El epígrafe sobre Platón titulado "La Ética o el gobierno del alma", en la página 14.

- Capítulos 6 y 7 del Libro II de la *Ética a Nicómaco*, y sus correspondientes guías de lectura.
- Del apartado 3 ("Las excelencias del carácter o virtudes éticas y su relación con las virtudes dianoéticas"), los subapartados 3.1 y 3.3
- Pero, sobre todo, el apartado 5 completo, titulado "Las excelencias del carácter como términos medios. La individualización de la virtud"

9. "Felicidad, virtud ética y función del ser humano"

Para elaborar esta redacción resultará necesario consultar antes los siguientes apartados:

- Capítulos 2 y 6 del Libro II de la *Ética a Nicómaco*, y sus guías de lectura.
- Del apartado 3 ("Las excelencias del carácter o virtudes éticas y su relación con las virtudes dianoéticas"), los subapartados 3.1 y 3.2.2.
- Apartado 2 completo, titulado "Bien, felicidad, virtud"(página 22 y siguientes)
- También es posible consultar, del apartado 5 ("Las excelencias del carácter como términos medios"), los subapartados 5.1. 5.2 y 5.3

10. "La relación entre la inteligencia práctica (prudencia) y las virtudes éticas"

Para elaborar esta redacción resultará necesario consultar antes los siguientes apartados:

- Capítulo 6 del Libro II de la *Ética a Nicómaco*, y su guía de lectura.
- Apartado 3 completo ("Las excelencias del carácter o virtudes éticas y su relación con las virtudes dianoéticas"), en especial el apartado 3.3
- Consultar también el apartado 5 ("Las excelencias del carácter como términos medios"), particularmente, el subapartado 5.3, de la página 53 y ss.
- Apartado 7, titulado "El modelo moral: el hombre virtuoso o excelente", pp.62-65, en especial apartado 7.1.

e) ACTIVIDADES DE RELACIONAR (CUESTIÓN 4ª PAU)

11. Semejanzas entre la ética de Platón y la de Aristóteles: El orden racional en las pasiones y emociones.

Para resolver esta cuestión, consultar el epígrafe del libro "La Ética o el gobierno del alma", referido a Platón y su relación con Aristóteles, en las páginas 14-15.

12. Diferencias ente la ética de Platón y la de Aristóteles: crítica de Aristóteles al intelectualismo moral de Platón.

Sobre este tema se puede obtener la documentación necesaria en los siguientes lugares del libro de texto:

- Epígrafe dedicado a "Sócrates", en las páginas 11-12 del libro
- Apartado 4.3. titulado "El carácter y la responsabilidad moral. Crítica a Sócrates", páginas 50-51
- Final del capítulo 4 del Libro II de la *Ética a Nicómaco*, y su guía de lectura.

13. Actualización: La doctrina aristotélica del término medio aplicada a tres comportamientos: el comer, el beber y el hablar.

Para esta cuestión, el alumno puede seguir un planteamiento semejante al de la respuesta que ofrecemos en la actividad 9 del Capítulo 5. Véase más arriba en este mismo solucionario.

14. Actualización: La doctrina aristotélica del término medio aplicada al fumar y al ejercicio físico.

Idem. Remitimos al enfoque dado en la actividad 9 del Capítulo 5.

ACTIVIDADES CAPÍTULO 7

a) ACTIVIDADES PARA UNA BUENA LECTURA

1. USA EL DICCIONARIO: Ayúdate del diccionario para definir las siguientes palabras o expresiones que aparecen en este capítulo: "laudable", "reprensible", "desinteresado" (en contraposición a interesado), "desabrido", "afligirse".

2. VOCABULARIO: SINÓNIMOS. Relaciona cada uno de los términos o expresiones que aparecen en el texto de este capítulo (columna de la izquierda), con un sinónimo o equivalente de la columna de la derecha.

SOLUCIÓN: 1h, 2i, 3a, 4g, 5b, 6c, 7d, 8e, 9f

EXPRESIONES DEL TEXTO	SINÓNIMOS
1. .... Valor	a. honor
2. .... Osadía	b. irascible
3. .... Dignidad	c. tonto
4. .... Vana hinchazón	d. malhumorado
5. .... Iracundo	e. falsa modestia
6. .... Incapaz de ira	f. carente de nombre
7. .... Descontentadizo	g. vanidad
8. .... Disimulo	h. valentía (*andreia*)
9. .... Innominado	i. atrevimiento

3. **¿LO DICE EL TEXTO? ¿VERDADERO O FALSO?:** Lee atentamente este capítulo y contesta verdadero o falso. En caso de que contestes F, razona tu respuesta por escrito en tu cuaderno de clase, pero siempre apoyándote en el texto.

1. V ..... En este capítulo, la cobardía aparece a la vez como un vicio por exceso (de miedo) y como un vicio por defecto (de atrevimiento u osadía).
2. F ..... Según se desprende del tercer párrafo, generoso es el que siempre da y el que da sin trabas.
3. F ..... En el cuarto párrafo se dice que, considerarse a sí mismo menos digno o merecedor de lo que uno realmente merece, es una virtud llamada humildad.
4. F ..... Según se dice al final del cuarto párrafo, cuando llamamos a alguien "ambicioso", estamos siempre juzgándolo negativamente.
5. F ..... En el cuarto párrafo, se dice que, en relación a la pasión de la ira, el "apacible" es el que nunca se enfada.
6. V ..... En el texto se llama "fanfarrón" al que presume saber más de lo que sabe; en el extremo opuesto está el disimulo (la *eironeia*), que

consiste en decir que se sabe menos de lo que se sabe. El término medio es la veracidad o sinceridad.

7. V ..... La magnanimidad consiste en el deseo de grandes honores, pero cuando son merecidos de verdad, cuando son concedidos por personas justas y sabias, y cuando se desean de la manera debida.
8. V ..... En el séptimo párrafo, se viene a decir que en las relaciones sociales, por lo que se refiere a la diversión, el término medio es el gracioso; el que se pasa de gracioso es el bufón.
9. V ..... La vergüenza y la indignación son términos medios en relación a ciertos sentimientos, pero no son virtudes (disposiciones), sino sentimientos.
10. V ..... En el último párrafo se deja bien claro que la envidia es una especie de tristeza en el bien ajeno; la malignidad, la alegría en el mal ajeno.

JUSTIFICACIÓN DE LAS RESPUESTAS FALSAS

Pregunta 2: Ese sería el pródigo o el derrochador. Generoso es el que da cuando es debido, en la medida debida, a quien es debido y por el motivo debido.
Pregunta 3: Dice que es un vicio, llamando pusilanimidad.
Pregunta 4: No necesariamente, aunque, en general es un vicio, estas cosas no están siempre claras, según dice el texto: a veces elogiamos al ambicioso y consideramos que es el término medio (virtuoso); otras veces, no.
Pregunta 5: El que nunca se enfada no es virtuoso ni apacible, sino que es incapaz de ira, lo cual es un extremo y, por tanto, un vicio.

b) SÍNTESIS Y ESTRUCTURA DE UN TEXTO (CUESTIÓN 1ª PAU)

4. Lee el texto formado por los párrafos 5, 6 y 7 (desde "Respecto de la ira..." hasta "...y descontentadizo"). Se trata de un texto claramente expositivo. La finalidad de esta clase de textos es meramente transmitir información o conocimientos, pero sin argumentación. Realiza la síntesis de este texto reflejando en ella la estructura, distinguiendo sus partes o núcleos temáticos.

En este texto Aristóteles aplica la teoría del término medio a los casos concretos de la pasión de la ira y de ciertas acciones que tienen que ver con la comunicación. La estructura del texto es claramente expositiva, y exenta de argumentación. Por ello, reflejaremos su estructura dividiendo el texto en partes o núcleos temáticos:

1. La primera parte del texto coincide con el primer párrafo y en él se ocupa de la pasión de la ira. Las ideas principales expuestas son las siguientes:

a) Hay un término medio en la ira que podemos llamar apacibilidad (virtud)
b) Al exceso de ira lo podemos llamar iracundia (vicio por exceso)
c) Al defecto de ira, incapacidad de ira (vicio por defecto)

2. La segunda parte incluiría los dos siguientes párrafos y se centra principalmente en el exceso, el defecto y el término medio en la comunicación mediante palabras y acciones. Las ideas principales expuestas son las siguientes:

a) Hay tres virtudes o términos medios referidos a la comunicación mediante palabras o acciones (veracidad, gracia y afabilidad), con sus respectivos excesos y defectos.
b) La mayoría de estas disposiciones carecen de nombre, por lo que hay que inventarlo.
c) De las tres anteriores, una se refiere a la verdad; las otras dos, al agrado.
d) Respecto de la verdad sobre uno mismo, al término medio hay que llamarlo veracidad; al exceso exagerado, fanfarronería; y al defecto del que se presenta como menos de lo que realmente es, disimulo.
e) Respecto del agrado referido a la diversión, el término medio es la gracia; el exceso, la bufonería; y el defecto, el desabrimiento.
f) Respecto del agrado referido a las restantes cosas de la vida, el término medio es la afabilidad.
g) Hay dos vicios por exceso de agrado: Si el exceso no es interesado, es el vicio del obsequioso; si es interesado, es la adulación.
h) El vicio por defecto de agrado de aquel que es desagradable en todo es el vicio del quisquilloso y descontentadizo.
i) En general, el término medio siempre es laudable en todo; mientras que los extremos no lo son, al contrario.

c) DEFINICIÓN Y EXPLICACIÓN DE TÉRMINOS (CUESTIÓN 2ª PAU)

5. Relaciona pasiones y acciones, por una parte, con vicios y virtudes, por otra. Ten en cuenta que algunos términos de la columna de la izquierda se relacionan con varios de la columna de la derecha:

SOLUCIÓN: A6, A8; B1, B10; C2, C7, C9; E11, E12; F13, F14

CAPÍTULO 7	
PASIONES Y ACCIONES	**VICIOS Y VIRTUDES**
a. ..... LA IRA	1. morigerado
b. ..... EL PLACER Y EL DOLOR	2. espléndido
	3. ambicioso
c. ..... PASIÓN POR EL DINERO	4. fanfarrón
d. ..... DESEO DE DIGNIDAD Y HONORES	5. pusilánime
	6. apacible
e. ..... EN LAS RELACIONES SOCIALES, en relación con la verdad	7. tacaño
	8. Iracundo o irascible
f. ..... EN LAS RELACIONES SOCIALES, en el agrado en general	9. mezquino
	10. insensible
	11. veraz
	12. disimulado
	13. adulador
	14. afable

6. Apoyándote en el capítulo 7 y sin usar diccionarios, define, de acuerdo con el texto, los siguientes términos: pusilanimidad, prodigalidad, fanfarronería, templanza, indignación, espléndido.

Pusilanimidad: Vicio por defecto de aspiraciones a la dignidad y a los grandes honores, que consiste en desear mucho menos de lo que uno merece. Pusilánime es aquel que, mereciendo mucho, aspira a escasos honores y dignidad, y se conforma con ellos. No aspira a las dignidades y honores debidos o no lo hace en el momento debido o de la manera debida o con la intensidad debida, por quedarse corto en sus aspiraciones y ambiciones.
Prodigalidad: Vicio por exceso en el dar pequeñas cosas o dar o gastar pequeñas cantidades de dinero, que consiste en dar a mucho más de lo debido, o a quien no se debe, o cuando no se debe o por la causa que no se debe.
Fanfarronería: Vicio por exceso referido a la comunicación con los otros y a la verdad, que consiste en la pretensión exagerada sobre uno mismo, exagerando las cualidades, méritos, logros y hazañas.
Templanza: Virtud ética que consiste en el término medio en el deseo de placeres y de evitar el dolor. Es el punto medio de equilibrio entre dos extremos, el desenfreno (exceso) y la insensibilidad (defecto). Templado o

moderado es aquel que disfruta de los placeres debidos, cuando es debido, con la intensidad debida, de la manera debida, etc...
Indignación: Término medio entre la envidia y la malignidad. Indignación, envidia y malignidad son sentimientos referidos al dolor o placer que nos produce lo que le pasa a nuestro prójimo. El sentimiento de indignación consiste en afligirse ante el éxito y la prosperidad de quienes no lo merecen realmente. Así pues, el que se indigna por el éxito de otros, se aflige como es debido, por un motivo debido, cuando es debido y en la intensidad debida, a diferencia del envidioso o del "maligno".
Espléndido: Espléndido es quien posee la virtud de la esplendidez, que es el término medio en el dar o gastar, pero, a diferencia del generosidad, referido a grandes sumas de dinero o de bienes. Es el punto intermedio entre dos vicios: el derroche sin gusto ni medida (exceso) y la mezquindad (defecto). Espléndido es entonces el que se puede permitir dar mucho, pero a quien es debido, cuando es debido, de la manera debida y por el motivo debido.

d) REDACCIONES (CUESTIÓN 3ª PAU)

7. "Virtudes y vicios del carácter, según Aristóteles"

Para elaborar esta redacción resultará necesario consultar antes los siguientes apartados:

- Capítulos 6 y 7 del Libro II de la *Ética a Nicómaco*, y sus correspondientes guías de lectura.
- Epígrafe 3.2.2, titulado "Las virtudes éticas o excelencias del carácter", página 38.
- Epígrafes 5.1. y, muy especialmente, 5.2 de las páginas 52 y 53 del libro de texto.
- Del apartado 4 ("Acción, hábito, carácter"), en especial el apartado 3.2, página 36 y ss.

e) ACTIVIDADES DE RELACIONAR (CUESTIÓN 4ª PAU)

8. Actualización: La teoría aristotélica de las virtudes y la bioética. Puede resultarte de utilidad consultar el siguiente enlace de internet:

http://bvs.sld.cu/revistas/revistahm/numeros/2001/n2/art/art02.htm

9. Actualización: La inteligencia práctica de Aristóteles y el concepto de inteligencia emocional en la actual psicología.

Para refrescar el concepto de inteligencia práctica de Aristóteles, ver la página 37, y especialmente el apartado 5.3 de las páginas 53-54, titulado "*El término medio es relativo a nosotros y a la situación. El papel de la razón en la determinación del término medio*". También, repasar el epígrafe 3.3 de las páginas 40 y siguientes, titulado "*La relación entre las virtudes éticas y las virtudes dianoéticas: la inteligencia práctica y las virtudes éticas*".

Sobre Aristóteles y el concepto de inteligencia emocional de Daniel Goleman, autor del *best selller* titulado *La inteligencia emocional*, documentarse en:

http://es.wikipedia.org/wiki/Inteligencia_emocional
http://www.inteligencia-emocional.org/informacion/introduccion_inteligencia.htm
http://webs.uvigo.es/pmayobre/master/textos/evangelina_garcia/inteligencia_emocional.pdf (la obra de Goleman, en pdf.; particularmente interesante la cita inicial de Aristóteles y la breve introducción, titulada "El desafío de Aristóteles")
http://www.ciao.es/Inteligencia_emocional_Daniel_Goleman__Opinion_1101072

10. Relación con el contexto histórico y social: ¿Por qué la humildad no es una virtud aristotélica? Humildad *versus* magnanimidad.

- Sobre este tema, consultar el epígrafe del libro 3.2.2, titulado "Las virtudes éticas o excelencias del carácter", página 38.
- Igualmente, sobre la magnanimidad para Aristóteles consultar los siguientes enlaces:

  http://www.filosofia.org/cla/ari/azc01100.htm (Ética a Nicómaco, Libro IV, Cap. 3)
  http://www.paginasobrefilosofia.com/html/teoriaseticas/eticaaristoteles/Comentarios/comenta12.html

- Sobre la humildad, como virtud cristiana:

  http://es.wikipedia.org/wiki/Humildad_%28cristianismo%29
  http://www.lavozeterna.org/estudios/humildad.htm

ACTIVIDADES CAPÍTULO 8

a) ACTIVIDADES PARA UNA BUENA LECTURA

1. USA EL DICCIONARIO: Ayúdate del diccionario para definir las siguientes palabras o expresiones que aparecen en el último párrafo de este capítulo: "índole", "propensión", "austeridad".

2. LEE Y COMPLETA: Vuelve a releer el capítulo 8 y completa las frases siguientes.

1. En relación a la pasión de la osadía, y puestos a equivocarnos, es preferible pecar por EXCESO de osadía que por DEFECTO de osadía.
2. Por eso, nos desviamos menos de la valentía cuando somos TEMERARIOS que cuando somos COBARDES
3. En relación a la pasión por el dinero, al dar y al gastar, siendo ambas cosas vicios, es preferible pecar por EXCESO que por DEFECTO
4. Por eso, nos desviamos menos de la generosidad cuando somos PRÓDIGOS que cuando somos TACAÑOS
5. En relación al deseo de placeres y de evitar el dolor, y puestos a equivocarnos, según da a entender Aristóteles en este capítulo, es preferible pecar por DEFECTO que por EXCESO
6. Por eso, nos desviamos menos de la virtud de la templanza cuando somos DESENFRENADOS O LICENCIOSOS que cuando somos INSENSIBLES A LOS PLACERES

3. ¿LO DICE EL TEXTO? ¿VERDADERO O FALSO?: Lee atentamente este capítulo y contesta verdadero o falso. En caso de que contestes F, razona tu respuesta por escrito en tu cuaderno de clase, pero siempre apoyándote en el texto.

1. V ..... Del primer párrafo de este capítulo se desprende que, por ejemplo, un vicio cualquiera tiene, no uno, sino dos contrarios: la virtud y el otro extremo.
2. V ..... Según se dice en el segundo párrafo, la prodigalidad, aunque es un extremo, está más cerca de la generosidad que la tacañería (el otro extremo)
3. F ..... En el tercer párrafo queda claro que es peor ser temerario (exceso de osadía) que cobarde (defecto de osadía); y es peor ser insensible (defecto en el deseo de placeres) que desenfrenado (exceso en el deseo de placeres).
4. V ..... Al final del tercer párrafo dice que hay vicios a los que nuestra forma de ser o naturaleza nos inclina más que a otros, y por esa razón nos parecen más contrarios a la virtud, pues la tensión entre esta y la inclinación es mayor.
5. F ..... Como conclusión final del capítulo, podemos decir que para Aristóteles los vicios por exceso y los vicios por defecto son siempre equidistantes del término medio, que es la virtud.

JUSTIFICACIÓN DE LAS RESPUESTAS FALSAS

Pregunta 3: La primera parte de la afirmación es correcta, mas no la segunda: es peor ser desenfrenado que insensible.
Pregunta 5: No son equidistantes, no se trata del término medio matemático. A veces un extremo está más próximo del término medio que el otro (por ejemplo, la temeridad está menos alejada de la vanita que la cobardía)

b) SÍNTESIS Y ESTRUCTURA DE UN TEXTO (CUESTIÓN 1ª PAU)

4. Considera el texto formado por los dos primeros párrafos del capítulo 8. Haz una síntesis de ese texto que refleje su estructura claramente argumentativa. Para ello, indica en tu resumen, el tema tratado, la tesis que se defiende y las razones o argumentos en las que el autor se apoya para defender la tesis anterior; señalando en qué lugar del texto se localiza cada uno de ellos.

El tema tratado en este texto es la relación entre la virtud –entendida como término medio- y los vicios, tomados como extremos. La tesis que el autor defiende podemos formularla así, y resume su posición en todo el texto: *El vicio por defecto, la virtud y el vicio por exceso son opuestos entre sí, pero la oposición mayor se da entre los dos extremos o vicios.* (Véase líneas 3-5, así como líneas 19-20). La arquitectónica de este texto gira en torno a esta idea, y Aristóteles da varios argumentos en su favor:

1. El primer argumento lo encontramos a lo largo del primer párrafo del texto y podemos resumirlo mediante la siguiente secuencia de ideas:

- En general, lo igual es mayor respecto de lo menor (y por tanto, opuesto); y menor respecto de lo mayor (y por tanto, opuesto)
- En particular, en el caso del término medio referido a la virtud, ocurre algo parecido: el término medio es excesivo respecto del vicio por defecto (y por tanto, opuesto), y es deficiente respecto del vicio por exceso (y por tanto, opuesto)
- Lo anterior explica que el valiente le parece temerario al cobarde, y cobarde al temerario; y lo mismo pasa con el morigerado y el generoso. Todos estos ejemplos corroboran o ilustran la tesis.

2. En el segundo párrafo encontramos dos argumentos que confirman la parte final de la tesis (que la oposición mayor se da entre los extremos):

2.1. El primer argumento viene a decir que, en general, los extremos distan más entre sí que del término medio (líneas 20-21), luego la oposición es mayor. Pone el ejemplo matemático de lo grande, lo pequeño y lo igual.
2.2. El segundo argumento afirma que, cuando hablamos de vicios y virtudes, algunos vicios (extremos) están menos alejados de la virtud que su opuesto. Tal es el caso de la temeridad (exceso de osadía), menos alejada de la valentía que la cobardía (defecto de osadía). De aquí se sigue que la máxima distancia se da entre los extremos pues los más contrarios son los que más distan. Por

tanto –conclusión-, los extremos se oponen más entre sí que respecto a la virtud, a la cual también se oponen.

5. Haz una síntesis del tercer párrafo del capítulo 8, para lo cual sigue las mismas indicaciones que en la pregunta anterior.

Aristóteles continúa en este texto con el tema de la relación entre el término medio y los extremos. La idea principal aparece al principio mismo del texto, a saber: Al término medio –a la virtud o excelencia- se le opone más, en unos casos, el defecto, y en otros el exceso, de modo que el término medio no es siempre equidistante de los extremos. La estructura del texto gira en torno a esta idea principal y es expositiva-explicativa: más que defender con razones o argumentos una determinada posición, Aristóteles empieza exponiendo un "hecho" que él considera evidente y constatable por el lector de su época, por lo que se limita a ilustrarlo con ejemplos y luego a EXPONER sus causas explicativas:

En efecto, Aristóteles ilustra esta idea con el ejemplo de la temeridad (exceso de osadía), menos alejada de la valentía que la cobardía (defecto de osadía).

Además, expone las dos causas que explican este hecho evidente para él (líneas 50-20)

a) Una causa es objetiva, procedente de la cosa misma: Objetivamente, y de acuerdo con la naturaleza de las cosas, ocurre a veces que un extremo está más próximo al término medio que el otro, por lo que consideramos este último como más opuesto o incluso su único opuesto. La razón es que "lo más distante al medio parece ser lo más opuesto" (líneas 6-13).

b) Otra causa es subjetiva, proveniente de nosotros mismos: El extremo o vicio al que más nos inclina nuestra naturaleza, nos parece más contrario al término medio que el otro –aun cuando objetivamente pudiera no serlo. Defiende esta explicación con el argumento referido al desenfreno y la templanza: Como la naturaleza de la mayoría está inclinada a los placeres, el desenfreno (extremo por exceso) nos parece más opuesto a la templanza (medio) que la austeridad o insensibilidad (extremo por defecto) –líneas 13-20.

C) DEFINICIÓN Y EXPLICACIÓN DE TÉRMINOS (CUESTIÓN 2ª PAU)

6. Lee el texto de la pregunta 5 (tercer párrafo del capítulo 8). Define y explica el término "templanza" (también por oposición a "insensibilidad" y a "desenfreno"), de acuerdo con el uso que Aristóteles hace de él en el texto y completando tu explicación con tus conocimientos, ya fuera del texto.

El término "templanza" hace referencia en el texto a la virtud o excelencia ética que consiste en el término medio en el goce y el deseo de placeres (pasión). La templanza –también llamada moderación- sería entonces el término medio entre dos extremos, ambos vicios, a saber: el "desenfreno" (el exceso de deseo y de goces) y la "insensibilidad", (el defecto o falta de deseo y de goces). Por consiguiente, podríamos decir que el moderado o morigerado –el que posee la virtud o hábito de la templanza- es aquel que acostumbra a disfrutar de los placeres debidos, cuando es debido, con la intensidad debida y de la manera debida, a diferencia de quienes poseen los vicios opuestos del desenfreno o de la insensibilidad. Sin embargo, en las primeras líneas del texto, se deja claro que, aunque ambos vicios se oponen a la templanza, el desenfreno –exceso- es más opuesto y contrario a ella que la insensibilidad o "austeridad" –, defecto, sobriedad en el placer. Así pues, podríamos definir la templanza como lo opuesto al desenfreno en los placeres, antes que como lo opuesto a la insensibilidad. De modo que, aunque la templanza la hemos definido como el término medio entre estos dos vicios o extremos, no se trata, como ocurre igualmente con otras virtudes, de un punto medio equidistante de ambos, sino más opuesto y alejado del desenfreno que de la insensibilidad. Ello es así, entre otras razones, porque, según el texto (líneas 13-20), aquello a lo que estamos más inclinados por nuestra naturaleza lo vivimos como más contrario y alejado del término medio; y ocurre a la mayoría que su naturaleza le inclina más al exceso en el goce de placeres que a su contrario.

d) REDACCIONES (CUESTIÓN 3ª PAU)

7. "El papel de la razón y del término medio en la formación del buen carácter"

Para elaborar esta redacción resultará necesario consultar antes los siguientes apartados:

- Capítulos 2, 6, 7, y 8 del Libro II de la *Ética a Nicómaco*, y sus guías de lectura.
- Apartado 5 ("Las excelencias del carácter como términos medios"), particularmente, el subapartado 5.3, de la página 53 y ss.
- Especialmente, el Apartado 4 ("Acción, hábito, carácter") de la página 48 y siguientes, en particular los apartados 4.1 y 4.2.

8. "El orden racional en las pasiones"

Para elaborar esta redacción resultará necesario consultar antes los siguientes apartados:

- El epígrafe sobre Platón titulado "La Ética o el gobierno del alma", en la página 14.
- Capítulos 6 y 7 del Libro II de la *Ética a Nicómaco*, y sus correspondientes guías de lectura.
- Del apartado 3 ("Las excelencias del carácter o virtudes éticas y su relación con las virtudes dianoéticas"), los subapartados 3.1 y 3.3
- Pero, sobre todo, el apartado 5 completo, titulado "Las excelencias del carácter como términos medios. La individualización de la virtud"

9. "La virtud o excelencia ética como término medio"

Para elaborar esta redacción resultará necesario consultar antes los siguientes apartados:

- Capítulos 2, 6 y 7 del Libro II de la *Ética a Nicómaco*, y sus correspondientes guías de lectura.
- Del apartado 3 ("Las excelencias del carácter o virtudes éticas y su relación con las virtudes dianoéticas"), el epígrafe 3.2.2 de la página 38
- Pero, sobre todo, el apartado 5 completo, titulado "Las excelencias del carácter como términos medios. La individualización de la virtud"

e) ACTIVIDADES DE RELACIONAR (CUESTIÓN 4ª PAU)

10. ¿Es en Aristóteles el bien moral (la virtud) contrario a la naturaleza y a las inclinaciones naturales, como ocurre en Kant con el concepto de deber moral?

El concepto de deber moral se opone en Kant (siglo XVIII) a lo que él denomina la inclinación natural. En esta oposición se basa la distinción kantiana entre actuar por deber moral o actuar simplemente conforme al deber moral. Cuando actuamos simplemente conforme al deber moral, pero no por deber, nuestra acción se ajusta a la norma moral y lo que dicta la razón, pero no es realmente una acción moral, pues el motivo que nos ha llevado a realizarla ha sido la inclinación natural (bajo la forma de interés, búsqueda de una ganancia o placer, etc...). En cambio, cuando actuamos por deber, aparte de que nuestra acción es conforme a las normas morales, el motivo es, no el interés o la inclinación, sino el respeto a mi propia conciencia moral y a la norma que ella me dicta, al margen de cualquier interés o inclinación natural. Entonces, y solo entonces, podemos hablar de una verdadera acción moral. Por consiguiente, actuar por inclinación natural y actuar por deber moral parecen opuestos en Kant.

En Aristóteles no aparece el concepto de deber moral, que es un concepto en el que insistirá la filosofía moral moderna, pero apreciamos también -al menos en apariencia- cierta oposición entre inclinación y virtud ética, que es el concepto moral que en Aristóteles ocupa el lugar prevalente que ocupa en Kant el concepto de deber moral. En efecto, como vimos en el Capítulo 8 del Libro II de la *Ética a Nicómaco*, aquello a lo que estamos más inclinados por nuestra propia naturaleza psicológica, lo vivenciamos como lo más opuesto y contario a la virtud. Por tanto, a pesar de todos los matices que podemos hacer, parece que también Aristóteles es consciente de la contradicción entre inclinación natural y moralidad, contradicción que, siglos más tarde, reaparecerá con extraordinaria fuerza y claridad en la filosofía moral de Kant, y que para muchos filósofos ha sido uno de los rasgos definitorios de la moralidad humana.

11. Crítica de Aristóteles a la idea de Sócrates de que el malo es ignorante, y el ignorante no es responsable de sus actos.

Sobre este tema se puede obtener la información necesaria en los siguientes lugares del libro de texto:

- Epígrafe dedicado a "Sócrates", en las páginas 11-12 del libro
- Apartado 4.3. titulado "El carácter y la responsabilidad moral. Crítica a Sócrates", páginas 50-51

- Final del capítulo 4 del Libro II de la *Ética a Nicómaco*, y su guía de lectura.

ACTIVIDADES CAPÍTULO 9

a) ACTIVIDADES PARA UNA BUENA LECTURA

1. USA EL DICCIONARIO: Ayúdate del diccionario para definir las siguientes palabras o expresiones que aparecen en este capítulo: "inclinado" (inclinación), "laudable", "viril", apuntar a un "blanco".

2. ¿LO DICE EL TEXTO? ¿VERDADERO O FALSO?: Lee atentamente este capítulo y contesta verdadero o falso. En caso de que contestes F, razona tu respuesta por escrito en tu cuaderno de clase, pero siempre apoyándote en el texto.

1. F ..... En este capítulo Aristóteles nos aconseja no conformarnos con nada que no sea exactamente el término medio.
2. V ..... Al final del párrafo segundo, como estrategia para acercarnos lo más posible al término medio, Aristóteles aconseja que empecemos por alejarnos del extremo o vicio más contrario a la virtud.
3. F ..... En el mismo párrafo dice que acertar con el término medio es fácil, pero Aristóteles insiste en que no lo logramos porque la mayoría de las veces no ponemos interés.
4. V ..... Del tercer párrafo se desprende que cuando nos enfadamos, acertar con el término medio equivale a acertar en el cómo, contra quién, por qué motivos, y por cuánto tiempo debemos enfadarnos. Y esto es muy difícil.
5. F ..... Aristóteles dice que los individuos "iracundos" son los hombres más viriles.
6. V ..... La última frase del capítulo, a modo de conclusión de los capítulos 8 y 9, viene a decir que en cada situación concreta y dependiendo de las circunstancias de cada uno, el término medio (el bien, la virtud) no es exactamente el término medio (en la teoría), y por eso hay que ajustarse a las circunstancias particulares.

JUSTIFICACIÓN DE LAS RESPUESTAS FALSAS

Pregunta 1: Al contrario, ante la dificultad de dar con el término medio, nos aconseja optar muchas veces por "una segunda navegación", que consiste en alejarnos lo más posible del extremo.
Pregunta 3: Al contrario, insiste en que es "extremadamente difícil"
Pregunta 5: No exactamente. Dice que a veces nos parece que son los más viriles, y que otras veces, alabamos a los que se quedan cortos en su enfado, dando a entender que estos juicios son difíciles.

b) SÍNTESIS Y ESTRUCTURA DE UN TEXTO (CUESTIÓN 1ª PAU)

3. Realiza una síntesis del texto formado por los párrafos 1 y 2 del capítulo 9, mostrando su estructura argumentativa o expositiva.

El tema o el problema que aborda Aristóteles en este capítulo es la dificultad de alcanzar en la práctica el término medio y cómo vencer esta dificultad. La estructura de este texto es principalmente argumentativa. Podemos distinguir en el texto dos partes:

La primera parte iría desde el principio hasta la línea 23 (1109b). Las principales ideas que aparecen en esta parte son las siguientes:

1. La virtud es un término medio en las pasiones y acciones, y es un término medio entre dos vicios, uno por defecto y otro por exceso (primeras líneas)
2. Es costoso y difícil ser bueno (líneas 5-6)
3. La razón de lo anterior es que, en cualquier ámbito, es difícil hallar con exactitud el punto medio: Aristóteles ILUSTRA esta dificultad con ejemplos carácter matemático (hallar el centro del círculo) y de carácter moral (dar dinero a quien se de, en la cuantía debida, cuando se debe y por el motivo que se debe). Líneas 6-13
4. De las dos últimas ideas se siguen dos consecuencias:
   a) La primera es que, lógicamente, al ser tan difícil de hallar, el bien no abunda y es "raro, laudable y hermoso". Línea 13
   b) La segunda es que quien persiga alcanzar el término medio debe empezar apartándose del extremo más contrario a él. Líneas 13-18
5. La razón de lo anterior es que hay casi siempre un extremo o vicio más alejado del término medio que el otro, y pretender acertar en el término medio exacto es, como se ha dicho, lo más difícil. COMPARA esto con el arte del pilotaje o de navegar, como si se tratara de hacer "una segunda navegación", es decir, una ruta alternativa ante la dificultad (19-21)

La segunda parte del texto va desde la línea 23 hasta el final y aquí Aristóteles ofrece consejos prácticos para alejarnos del extremo más opuesto a la virtud, justificándolos con razones:

1. Cada uno debe conocerse y saber cuáles sus inclinaciones naturales más fuertes. Líneas 23-25
2. Eso se sabe por el placer o el dolor que sentimos al hacer determinadas cosas. Líneas 25-26
3. A partir de aquí Aristóteles aconseja hacer lo contrario a lo que nos empujan nuestras inclinaciones naturales. Línea 27
4. La razón de lo anterior es que así nos apartamos del error y nos enderezamos hacia el término medio; además, otra razón es que no juzgamos el placer "con imparcialidad" (Es decir, lo que a cada cual le parece placentero, no lo es en realidad o no lo es tanto como creemos, debido a la corrupción de nuestra naturaleza, que nos ciega)

4. Haz una síntesis del tercer párrafo del capítulo 9 (Desde "Sin duda.." hasta el final del capítulo), reflejando en ella su estructura argumentativa o expositiva.

El tema de este texto es la dificultad de dar con el término medio en el que reside la virtud. Hay claramente una idea principal o tesis que se defiende con razones y argumentos, a saber: Es difícil y costoso dar con el término medio en la práctica concreta, idea que encontramos justo al principio del texto. A continuación, y hasta la línea 13, se enuncian las razones que avalan esta tesis y que enumeramos a continuación:

1. Dar con el término medio es difícil porque para ello hay que definir cómo, con quiénes, por qué motivo y cuánto tiempo debemos irritarnos (en el caso de la pasión de la ira). Y en esto, en general, no hay acuerdo, y no está claro muchas veces, como lo prueba el que a veces se alaba a los que se quedan cortos en el enfado y otras veces alabamos a los que se exceden en el enfado (por "viriles").
2. El que se desvía poco del término medio (el "bien"), no es censurado; solo que el que se desvía mucho. Pero para la razón es difícil determinar hasta qué punto es censurable (como lo prueba el ejemplo anterior de los que alabamos como "viriles")
3. La razón de esto último es que todos esos juicios versan sobre cosas "que se perciben" y, por tanto, particulares e individuales, no generales, que dependen de la percepción subjetiva de cada cual.

El texto concluye en las últimas líneas exponiendo 3 ideas que considera evidentes:

1. El hábito del término medio es elogiable
2. Unas veces, sin embargo, hay que preferir el exceso y otras el defecto
3. La razón de lo anterior es que, si lo hacemos así, aunque parezca contradictorio, alcanzamos mejor el bien y el término medio (que no es un punto equidistante a los dos extremos)

c) DEFINICIÓN Y EXPLICACIÓN DE TÉRMINOS (CUESTIÓN 2ª PAU)

5. Lee el texto de la pregunta 3. Define y explica los términos "bien" y "naturaleza", de acuerdo con el uso que Aristóteles hace de ellos en el texto, y completando tu explicación con tus conocimientos, ya fuera del texto.

En este texto el término "bien" está claramente referido al ejercicio de la virtud o excelencia ética, a las acciones virtuosas. Como sabemos, bienes son todas aquellas cosas que los humanos deseamos, pero, de entre todas ellas, el máximo bien humano es la felicidad, que es el bien último y perfecto porque se desea en sí mismo, y no con vistas a otra cosa. Todos los demás bienes los deseamos con vistas a la felicidad, que consiste en una actividad del alma conforme a la excelencia. La virtud ética, aunque no es el máximo bien, sin embargo, es el principal medio para alcanzarlo, y, por tanto, es un bien de la máxima entidad. En el texto, la virtud ética se identifica con el "termino medio" entre dos extremos, ambos vicios. El término medio y las acciones virtuosas son lo que en este contexto se denomina "bien" y de él se dice en el texto que es "raro, laudable y hermoso" (línea13). Es raro en el sentido de poco abundante; y es raro y laudable porque, según explica el texto (5-13) es realmente difícil y costoso dar con el término medio en una pasión o acción a la hora de actuar y por eso "no está al alcance de todos" (línea 12). Es tan difícil y costoso que Aristóteles, al final del primer párrafo, nos aconseja intentar primero apartarse de lo más contrario al término medio, en vez de pretender conseguirlo a la primera, tomando, como dice el texto, "una segunda navegación", al igual que hacen los pilotos cuando se encuentran dificultades en la mar.

Por otra parte, el término naturaleza se refiere a la naturaleza individual de cada uno, más en concreto a la naturaleza psicológica propia de cada individuo. Esto hay que aclararlo, pues aunque todos los seres humanos tienen una naturaleza o esencia común, por pertenecer a la misma especie, existen sin embargo, rasgos psicológicos y temperamentales diferentes que definen la naturaleza individual de cada uno. En concreto, las inclinaciones a buscar el placer y a huir del dolor forman parte de la naturaleza psicológica de todos los seres humanos, pero a cada uno, según dice el texto, le "llevan hacia distintas cosas" (línea 25), de modo que unos gozan con unas cosas y otros con otras, según sea su naturaleza individual. Aristóteles está presuponiendo en el texto que la mayoría de las personas "no juzgan con imparcialidad" en relación a los placeres, es decir, se deleitan con cosas que, objetivamente hablando, no son placenteras, tan solo lo son en apariencia y les apartan del verdadero placer natural: el que comporta el ejercicio de la excelencia humana (*areté*). Esto es así porque tienen una naturaleza corrompida que les ofusca en la percepción de los placeres y que hay que enderezar, como quien endereza "unas vigas torcidas" (línea 29)

6. Lee el texto de la pregunta 4. Define y explica los términos relacionados "razón" y "percepción", de acuerdo con el uso que Aristóteles hace de ellos en ese texto, y completando tu explicación con tus conocimientos, ya fuera del texto

Con los términos "razón" y "percepción" se refiere Aristóteles a dos facultades distintas de conocimiento con las que los seres humanos juzgamos las cosas. La percepción se refiere a cosas que captamos mediante los sentidos y, según el texto, se trata siempre de "cosas individuales" (línea 12), como es el caso de las acciones y comportamientos humanos concretos (praxis), propios y ajenos. Por ejemplo, si una acción concreta es muy censurable o poco. A la hora de juzgarlas, el único criterio reside en la percepción, lo que explica la dificultad para juzgarla bien y con exactitud, y explica también la discrepancia que se da cuando diferentes individuos juzgan de modo distinto la misma acción sin ponerse de acuerdo. Según esto la percepción tiene mayor grado de subjetividad que la razón. Esta es más exacta y rigurosa, pero el texto da a entender que su objeto no son las cosas particulares (las acciones concretas), para las cuales, como hemos dicho, no tenemos más remedio echar mano de la percepción y de nuestro parecer impreciso. Lamentablemente, al juzgar sobre estas cosas, la razón se enfrenta a grandes dificultades, pues su ámbito de actuación parece ser los principios generales, no las acciones particulares.

d) REDACCIONES (CUESTIÓN 3ª PAU)

7. "La individualización de la excelencia: la virtud como término medio relativo a nosotros. Virtud ética e inclinaciones individuales"

Para elaborar esta redacción resultará necesario consultar antes los siguientes apartados:

- Muy especialmente, el Capítulo 9 del Libro II de la *Ética a Nicómaco*, y su guía de lectura.
- Repasar también, los Capítulos 2 y 6 del Libro II de la *Ética a Nicómaco*, y sus guías de lectura
- Apartado 5 completo ("Las excelencias del carácter como términos medios")
- Muy especialmente, el apartado 6 ("La relación entre las excelencias del carácter y el placer: La ecuación de las inclinaciones"), en las páginas 57 y siguientes. Ver, en particular, los epígrafes 6.2 y 6.3

8. "El conocimiento de uno mismo y el logro de la excelencia ética"

Para elaborar esta redacción resultará necesario consultar antes los siguientes apartados:

- Muy especialmente, el Capítulo 9 del Libro II de la *Ética a Nicómaco*, y su guía de lectura.
- Del apartado 3 ("Las excelencias del carácter o virtudes éticas y su relación con las virtudes dianoéticas"), el subapartado 3.2.2., pagina 38
- Apartado 5 completo ("Las excelencias del carácter como términos medios")
- También puede ser inspirador releer el apartado 4, titulado "Acciones, hábitos, carácter"

9. "La virtud como término medio en la práctica concreta"

Para elaborar esta redacción resultará necesario consultar antes los siguientes apartados:

- Capítulos 6, 7,8 y 9 del Libro II de la *Ética a Nicómaco*, y sus guías de lectura.
- Del apartado 3 ("Las excelencias del carácter o virtudes éticas y su relación con las virtudes dianoéticas"), el subapartado 3.2.2., pagina 38
- Apartado 5 completo ("Las excelencias del carácter como términos medios"),

e) ACTIVIDADES DE RELACIONAR (CUESTIÓN 4ª PAU)

10. Goleman es el autor de un best seller leído por millones de personas en todo el mundo titulado *La inteligencia emocional*. Busca información sobre el concepto de inteligencia emocional y trata de establecer alguna relación con el concepto de inteligencia práctica de Aristóteles (máximo 20 líneas)

Para refrescar el concepto de inteligencia práctica de Aristóteles, ver la página 37, y especialmente el apartado 5.3 de las páginas 53-54, titulado "*El término medio es relativo a nosotros y a la situación. El papel de la razón en la determinación del término medio*". También, repasar el epígrafe 3.3 de las páginas 40 y siguientes, titulado "*La relación entre las virtudes éticas y las virtudes dianoéticas: la inteligencia práctica y las virtudes éticas*".
Sobre Aristóteles y el concepto de inteligencia emocional de Daniel Goleman, autor del *best selller* titulado *La inteligencia emocional*, consultar:

http://es.wikipedia.org/wiki/Inteligencia_emocional
http://www.inteligencia-emocional.org/informacion/introduccion_inteligencia.htm
http://webs.uvigo.es/pmayobre/master/textos/evangelina_garcia/inteligencia_emocional.pdf (la obra de Goleman, en pdf.; particularmente interesante la cita inicial de Aristóteles y la breve introducción, titulada "El desafío de Aristóteles")
http://www.ciao.es/Inteligencia_emocional_Daniel_Goleman__Opinion_1101072

11. Maslow es un psicólogo del siglo XX de la corriente llamada *psicología humanista*. Para Maslow, entre las necesidades del ser humano están las necesidades llamadas de crecimiento (autoconocimiento, autorrealización...) Busca información sobre él y relaciona las necesidades de crecimiento con ideas aristotélicas como felicidad, logro del fin natural, logro de la excelencia ética, etc.

La autorrealización es el fin del hombre o felicidad según el eudemonismo de la ética aristotélica y esta meta el lugar más alto en la llamada Pirámide de Maslow. Salvando las evidentes distancias entre Aristóteles (siglo IV a. C.) y el psicólogo contemporáneo A. Maslow, ambos proponen un camino de crecimiento y de perfeccionamiento como seres humanos y como individuos que puede permitir al alumno establecer un cierto paralelismo entre ética de Aristóteles como ética teleológica de la perfección, y la psicología humanista de Maslow como propuesta de camino de crecimiento y de autorrealización individual. En todo caso, será el esfuerzo y la originalidad del alumno, quien determine el éxito de la propuesta que se sugiere en esta actividad.

Sobre este tema, que permite una actualización de la ética aristotélica, puede consultarse:

- http://www.wikilearning.com/articulo/la_piramide_de_maslow-autorrealizacion/2612-3
- www.itescam.edu.mx/principal/sylabus/fpdb/recursos/r70862.DOC
- http://books.google.es/books?id=8wPdj2JzqgOC&pg=PA177&lpg=PA177&dq=maslow+y+aristoteles&source=bl&ots=FZe3WvRhfi&sig=QtBvfhscj

h2dsTLuqTyA4-DyjKQ&hl=es#v=onepage&q=maslow%20y%20aristoteles&f=false (Ver particularmente, la nota 1 a pie de página de este e-book)

- Ver también el siguiente texto, bastante sugerente (Agustín Domingo, en http://mercaba.org/Filosofia/felicidad.htm):

"*El tiempo de la felicidad no puede ser sólo el tiempo futuro, sino también el tiempo presente. Así, la psicología humanista plantea la felicidad como autorrealización (A. Maslow). Si actualizásemos reflexiones como las de Aristóteles o santo Tomás cuando hablaban de la felicidad como «perfección», hoy estaríamos obligados a entenderla como «autorrealización». Puesto que la perfección de nuestra vida es una perfección en el tiempo y en la historia, no podemos pasar por alto el modo de entender éticamente esta autorrealización. Pensada con cierta racionalidad, supone (a) la condición del hombre como realidad abierta, (b) la existencia de ciertas posibilidades que vienen incoativamente dadas en orden a la determinación y perfección de la naturaleza humana, y (c) que en la vida misma de perfección ha de tener cabida la situacionalidad e historicidad humana 60. La autorrealización es así la autodeterminación por apropiación de posibilidades*"

12. Actualización: "*La teoría del término medio en mi vida cotidiana*". Escribe un breve texto que demuestre la actualidad y la aplicación en la vida ordinaria de la ética aristotélica. Por ejemplo, empieza con una breve presentación de la teoría del término medio y luego aplícala a ti mismo en el caso de la ira (puedes elegir otra pasión). Puedes estructurarlo así:

1. "*Me enfado conforme a la virtud o excelencia del carácter cuando....* " (Señala tres o cuatro circunstancias concretas y numéralas).
2. "*En cambio, me excedo del término medio en relación a la ira, cuando...*" (Señala otras tres o cuatro circunstancias concretas y reales, numerándolas)

La teoría aristotélica del término medio afirma que la virtud o excelencia del carácter es el hábito de elegir el término medio en una pasión o acción. Cuando habla del término medio Aristóteles se refiere al punto medio adaptado a la situación concreta y a cada individuo, y quien debe determinarlo es la razón (la inteligencia práctica). Así, el término medio con respecto a una determinada pasión consistirá en experimentarla cuando es debido, en la intensidad debida, por el motivo debido y de la manera debida. Esta teoría de Aristóteles resulta ser también una propuesta actual para nosotros, individuos del siglo XXI, que, lo mismo antes que ahora, actuamos muchas veces arrastrados por impulsos, emociones y pasiones, con escaso control de la razón. Y, como no podía ser de otra manera, esto nos conduce a situaciones indeseables, que nos provocan sufrimiento, insatisfacción o perturban nuestras relaciones personales. De ahí que la teoría del término medio pueda tener una cierta actualidad como herramienta de control emocional de uno mismo, y como teoría que nos ayuda a reconocer comportamientos equivocados y torpes desde el punto de vista emocional. Por ejemplo, me enfado conforme a la excelencia ética –la apacibilidad- cuando me enfado con quien debo, en la justa intensidad, en el momento adecuado y, sobre todo, por un motivo justificado. En cambio, sería contrario a la virtud –además de poco saludable psicológicamente-, y pecaría de vicio por defecto (incapacidad de ira), cuando no soy capaz de experimentar ni un ápice de ira en una situación reiterada de acoso y tortura por parte de mis compañeros, por poner un ejemplo. En cambio, me excedo en relación con mi ira cuando, como ocurre con frecuencia, me enfado y estallo con mayor intensidad de lo que requiere la situación, o cuando manifiesto enojo a destiempo, y no en el momento debido, o cuando me enojo por causas no justificadas, o incluso también cuando manifiesto una ira justificada, pero de una manera completamente indebida o inapropiada. A veces, se dan juntas todas estas circunstancias y me ponen sobre aviso de que tengo que mejorar mi control emocional o, en términos de Aristóteles, tengo que desarrollar la virtud de la apacibilidad (*praotes*, en griego), mediante la repetición reiterada de acciones "apacibles" y el uso atento de mi inteligencia práctica, así como fijándome más en aquellas personas que en este tema puedo tomar como modelos morales y maestros en el arte de la felicidad y del control saludable y racional de las pasiones.

www.ingramcontent.com/pod-product-compliance
Ingram Content Group UK Ltd.
Pitfield, Milton Keynes, MK11 3LW, UK
UKHW050613260726
13967UKWH00008B/2844